THE AI MARKETING CANVAS

A Five-Stage Road Map to Implementing Artificial Intelligence in Marketing

营销画布

数字化营销的落地与实战

[美]拉吉库马尔·文卡特桑 吉姆·莱辛斯基◎著
褚荣伟 闵彦冰◎译

中国科学技术出版社
·北京·

The AI Marketing Canvas: A Five-Stage Road Map to Implementing Artifical Intelligence in Marketing, by Rajkumar Venkatesan and Jim Lecinski, published in English by Stanford University Press.
Copyright © 2021 by the Board of Trustees of the Leland Stanford Junior University. All rights reserved. This translation is published by arrangement with Stanford University Press, www.sup.org.

北京市版权局著作权合同登记　图字：01-2022-6671。

图书在版编目（CIP）数据

AI 营销画布：数字化营销的落地与实战 /（美）拉吉库马尔·文卡特桑,（美）吉姆·莱辛斯基著；褚荣伟，闵彦冰译 . —北京：中国科学技术出版社，2023.4
书名原文：The AI Marketing Canvas: A FiveStage Road Map to Implementing Artificial Intelligence in Marketing
ISBN 978-7-5046-9921-3

Ⅰ . ① A… Ⅱ . ①拉… ②吉… ③褚… ④闵… Ⅲ . ①市场营销学 Ⅳ . ① F713.50

中国国家版本馆 CIP 数据核字（2023）第 042079 号

策划编辑	杜凡如　赵　嵘	责任编辑	孙倩倩
封面设计	仙境设计	版式设计	蚂蚁设计
责任校对	焦　宁	责任印制	李晓霖

出　　版	中国科学技术出版社
发　　行	中国科学技术出版社有限公司发行部
地　　址	北京市海淀区中关村南大街 16 号
邮　　编	100081
发行电话	010-62173865
传　　真	010-62173081
网　　址	http://www.cspbooks.com.cn

开　　本	710mm×1000mm　1/16
字　　数	211 千字
印　　张	16.5
版　　次	2023 年 4 月第 1 版
印　　次	2023 年 4 月第 1 次印刷
印　　刷	大厂回族自治县彩虹印刷有限公司
书　　号	ISBN 978-7-5046-9921-3/F · 1118
定　　价	79.00 元

（凡购买本社图书，如有缺页、倒页、脱页者，本社发行部负责调换）

大咖推荐

如果要靠战略营销推动增长,就只能通过提供真正以客户为中心的体验来实现。当今的营销者必须利用人工智能和数据的力量来规模化那些能实现成交转化的客户体验。本书就为你提供了实现这一目标的基础知识、框架和灵感。

——克里斯蒂娜·博蒂斯(Christina Bottis)
丛林狼物流公司(Coyote Logistics)首席营销官

人工智能是每个营销者都认为自己需要,但并不真正知道为什么需要的东西。本书不仅了不起地揭开了这种新兴能力的神秘面纱,还制订了可落地的实施计划。这能让人工智能成为你实现品牌与众不同的关键差异化因素。本书是任何一位寻求真正颠覆的营销者的必读之作。

——安德里亚·布里默(Andrea Brimmer)
联合汽车金融公司(Ally Financial)首席营销官

对于商业领袖来说,如果希望真正了解人工智能将对公司和品牌产生何种影响,同时也把以客户为中心作为推动增长的指引,那么本书就是一本必读之作。这是一本实用、充满智慧,并且提供了落地工具的书,能让读者马上就可以学以致用,将最佳实践转化为行动。

——斯科特·戴维斯(Scott Davis)
先知咨询公司(Prophet)首席增长官

作者不仅阐释了人工智能驱动的营销至关重要,这本实用且鼓舞人心的入门读物也告诉了营销者如何使其发挥作用。本书将使任何营销者感到兴奋、跃跃欲试,帮助他们为迎接人工智能营销的各种可能性做好准备。

——凯利·吉莱斯(Kelly Gillease)
金融公司"书呆子钱包"(NerdWallet)首席营销官

无论你处于营销变革和客户旅程数字化的哪个阶段，你都可以学习如何利用人工智能的力量解锁自己已经攫取的价值，从而进一步增强影响力。本书功能强大且易于理解。它通过提出正确的问题，帮读者打好理解的基础，然后教授读者该怎么做，这样一步步地进行了全面的解读。本书规划了路线图、展示了成效，并告诉你在执行中所需的支持和投入。

——布雷特·格鲁姆（Brett Groom）
物理治疗机构 ATI 首席营销官

未来十年，人工智能和机器学习将以比以往任何一种技术革命都更深刻的方式来改变市场营销。对于营销负责人来说，仅仅认识到这种转变是不够的，你必须采取行动。本书提供了一张实用的路线图来帮助你在颠覆性变革的时代里开始行动并建立可持续的优势。

——马特·劳森（Matt Lawson）
房地产投资技术提供商杜松广场公司（Juniper Square）首席营销官

通过现实世界的循证研究，文卡特桑和莱辛斯基清楚地展示了人工智能和机器学习的成功实施将带来"赢家通吃"的情景。为了确保你的品牌最终成为赢家，这是一本重要的读物——无论你是刚开始此旅程，还是已经上路，本书所提供的框架和实际应用都将是有帮助的。

——乔·马格里奥（Joe Maglio）
麦金尼广告公司（McKinney and Co.）首席执行官

本书提供了实用的、具有启发性的、扎实的指南，教大家把人工智能作为增加与客户的真实联系、扩大营销影响力的重要工具。本书提供了类别丰富且实用的案例研究，对于想要在当今市场竞争中取胜并在未来占据主导地位的营销者来说，这是一本必读的作品。

——布鲁克·斯金纳·里基茨（Brooke Skinner Ricketts）
汽车网（Cars）首席体验官

本书对于当今市场营销和所有商业决策者来说都至关重要。营销者可以用这本书来推动他们的组织向前发展，他们可以而且应该用这本书来推动自己组织内的变革。

——林赛·萨兰（Lindsay Saran）
谷歌高级营销经理

营销者现在有了一个通过人工智能和机器学习重新定义他们与客户关系的绝佳机会。然而，我们大多数人都没有做好准备。是时候拥抱未来了。本书是你的指南，它提供了出色的路线图，将激发你的创意，让你的团队和公司踏上旅程！

——卡西迪·希尔德（Cassidy Shield）
叙事科学公司（Narrative Science）市场营销副总裁

本书对现代首席营销官面临的挑战和机遇做了精彩的阐述。文卡特桑和莱辛斯基提供了一个全面且能帮大家减少焦虑的路线图，其中包含了如何将人工智能和机器学习整合到营销组织业务战略中的具体示例。

——吉姆·斯塔德勒（Jim Stadler）
第一中西部银行（First Midwest Bancorp）首席营销和传播官

对于营销者来说，利用强大的人工智能和机器学习来深入了解客户、实现定制化和吸引客户，这一点从未像现在这样重要。文卡特桑和莱辛斯基不仅证明了人工智能对于实现以客户为中心的持续增长至关重要，而且说明了这对于企业的生存也是不可或缺的。本书充满了洞察和案例，对于当今的营销者来说，这是一本必不可少的指南。

——乔恩·苏亚雷斯-戴维斯（Jon Suarez-Davis）
赛富时公司（Salesforce）营销战略与创新高级副总裁

本书化繁为简，提供了如何理解和利用人工智能进行商业实践和市场营销落地的路线图。想获得竞争优势的商业领袖都应该阅读本书。

——里沙德·托巴克瓦拉（Rishad Tobaccowala）

阳狮集团（Publicis Group）首席战略与创新官、

《重塑商业灵魂》（*Restoring the Soul of Business*）作者

提供出色的客户忠诚度体验就是在整个客户体验中创造真正个性化的客户关系时刻。忠诚度难以产生且难以为继！文卡特桑和莱辛斯基为我们提供了将组织转变为以客户为中心的强大实体的人工智能蓝图！

——克里斯·韦曼（Chris Wayman）

美库尔公司（Merkle）推广与忠诚度执行副总裁

本书献给所有职业营销者，以及那些有志成为营销者的人们。他们每天孜孜不倦地工作以推动企业的赢利、建立长期的品牌资产，并努力为世界带来更多的正能量。本书也适合那些在瞬息万变的市场和技术环境下，为实现这些目标而努力的人们。

问题是：你认为自己有时间。

——杰克·康菲尔德（Jack Kornfield）

读者须知

本书中的信息，包括所提供的表格和图片，旨在为营销和业务问题提供有用的指南。

针对你开展业务所在国家和地区的法律或法规，本书的作者和相关贡献者不承担任何责任。在你实施本书所提及的任何内容之前，请先咨询你信赖的律师等业务顾问，以确保你计划实施的内容符合相应的法律、习俗和法规。

本书中提及的所有产品名称、徽标和品牌均为其各自所有者的财产，并且可能已在美国专利商标局和其他国家或地区注册。本书中使用的所有公司、产品和服务名称仅用于识别目的。使用这些名称、徽标和品牌并不意味着背书。

目 录

第 1 部分　挑战和出路 ──────────────────── 001

　　第 1 章　当今营销者面临的挑战　002
　　第 2 章　AI 营销画布：营销者的战略地图　009
　　第 3 章　本书结构　018

第 2 部分　人工智能和营销本质 ──────────── 023

　　第 4 章　网络和节点　024
　　第 5 章　客户关系时刻的心智模型　046
　　第 6 章　什么是人工智能和机器学习　064

第 3 部分　AI 营销画布：营销中应用人工智能和机器学习的五步法 ─ 087

　　第 7 章　AI 营销画布中的核心要素　088
　　第 8 章　第一步：打基础　097
　　第 9 章　第二步：做实验　116
　　第 10 章　第三步：扩场景　131
　　第 11 章　第四步：促转型　150
　　第 12 章　第五步：保收获　164
　　第 13 章　AI 营销画布的综合应用：星巴克　174

第 4 部分　实施 ——————————————————— 185

　　第 14 章　管理变革　186
　　第 15 章　着手启动　200
　　第 16 章　号召行动　210

结语 ——————————————————————————— 217
附录 ——————————————————————————— 218

第 1 部分 挑战和出路

第 1 章
当今营销者面临的挑战

尽管《华盛顿邮报》（The Washington Post）曾努力改善数字产品的研发，2013 年它被亚马逊公司（Amazon）创始人杰夫·贝佐斯（Jeff Bezos）以 2.5 亿美元收购的时候，这个标志性的新闻品牌仍预计亏损约 4000 万美元[1]。

贝佐斯在 2013 年 4 月 5 日给《华盛顿邮报》员工的公开信中写道：

当然，《华盛顿邮报》在未来几年一定会发生变化。这是必然的趋势，无论所有权是否更迭，变革都会发生。互联网正在改变新闻业几乎所有的元素：新闻更新周期缩短了，传统上可靠的收入来源受到动摇，新的竞争也在上演，其中一些竞争对手甚至不需要或者极少承担新闻采集的成本。因为没有地图，若想勾画出未来的前进道路并不是一件容易的事情。我们必须创新，这就意味着我们需要不断尝试。读者是我们一切尝试的"试金石"，我们需要了解他们关注的一切话题——政府、当地领导人、餐馆开业、商业、慈善活动、治理者、体育等，同时还要做好逆水行舟的准备。对于创造，我感到兴奋和乐观。

贝佐斯明白：与许多其他企业一样，新闻行业的商业模式也已从供给侧转向了需求侧。一些大型互联网公司，如亚马逊、谷歌（Google）、脸书

（Facebook）[1]、奈飞（Netflix）等公司，通过增强个性化的体验重新设定了客户的预期。

《华盛顿邮报》拥有领先的技术，使其能够响应客户对新闻需求的变化，并通过人工智能（Artificial Intelligence，AI）和机器学习（Machine Learning，ML）等技术满足这些需求。人工智能和机器学习使得《华盛顿邮报》通过个性化的体验让营销效果更好，赋能营销的每一个关键节点。具体来说：

- 搜索引擎优化的功能可以根据搜索条件为潜在订阅者提供最匹配的报道。
- 直接访问网站的读者可以免费阅读一部分文章，这让他们在体验新闻报道质量的同时，为吸引他们订阅《华盛顿邮报》提供了机会。
- 新订阅用户和还没订阅的一般读者都可以持续体验产品的质量：无论是更快的加载速度，还是在人工智能和机器学习驱动下做出的个性化内容推介。通过宙斯洞察系统（Zeus Insights），《华盛顿邮报》可以根据用户以前阅读的文章推断出他们的兴趣并推送相应报道。人工智能和机器学习技术还可以让《华盛顿邮报》快速预测文章的受欢迎程度，以便新闻编辑室为那些热门文章添加传播媒介和链接。
- 《华盛顿邮报》还鼓励订阅者给文章写评论，这也成了后台系统编辑的一部分。人工智能驱动的评论审查系统能帮助邮报维护高质量的评论，并将最好、最相关的评论整合到辅助出版物中。
- 《华盛顿邮报》的人工智能写作程序"日光仪"（Heliograf）帮助其在2017年产出的报道是《纽约时报》的两倍多[2]（500篇对230篇）。

---

[1] 脸书（Facebook），现已更名为元宇宙（Meta）。——编者注

2019年5月16日的新闻稿显示，《华盛顿邮报》的成功显而易见：其线上订阅用户数在过去三年中增长了两倍多，在此期间新增了超过100万的独家线上订阅用户[3]。但这还不是全部，《华盛顿邮报》的主要技术平台"弧光"出版社（Arc Publishing）也非常成功，《华盛顿邮报》已将其授权给其他顶级出版商、广播公司和品牌商[4]，该技术已成为新的业务线[5]。以上这些举措使得《华盛顿邮报》至少连续两年赢利[6]。

如果你的品牌没有像亚马逊这样的大型网络平台做支持，你的公司也没有一个对技术有远见且财力雄厚的人来掌舵，请不要绝望。无论你从哪里开始，通过提供符合、超过消费者期望的个性化产品和服务，或者用人工智能和机器学习技术来增强你品牌的客户旅程，都可以获得显著的收益。

以美国最大的二手车零售商车美仕公司（CarMax）为例。该公司的大部分汽车销售仍发生在实体店，但其客户的购买旅程越来越多地从网上开始。车美仕官网（CarMax.com）会根据你的搜索行为做出个性化显示。网页中的文本和图像会根据你浏览网页时网站对你的了解而发生变化。车美仕的目标是为你展示尽可能相关且理想的库存，从而减少客户的认知负担，消除搜索过程中的障碍。这也将车美仕与其竞争对手区分开来。车美仕网站的设计旨在减少你在购买前搜索时的焦虑，面对太多选择时的不知所措，这对于车辆这种高价商品来说更为明显。

巴里·施瓦茨（Barry Schwarz）是一本关于消费者焦虑的书《选择的悖论》（*The Paradox of Choice*）[7]的作者。他说，我们拥有的选择越多，我们就越不满意。施瓦茨在接受第一资本公司（Capital One）关于购车的采访时说："如果你买错了燕麦，下周你就可以纠正。但重大决策不容易逆转。这就是为什么它们会产生额外的焦虑。[8]"

车美仕明白，其长期竞争优势在于收集一手的消费者体验数据，并通过个性化消费者体验（无论是否在线）来简化购买流程的能力。车美仕还意识到，它并不是与消费者购买汽车时曾经有过的最佳体验竞争，而是与消费者曾经拥有的一切最佳体验竞争。

让我们以咖啡为例。当打开星巴克公司应用程序时，你不仅可以准确地订购自己想要的咖啡（例如，下午 2 点，脱脂大杯冰咖啡，加两泵太妃糖坚果糖浆）[9]，该应用程序还将根据你的购买历史和偏好，推荐新的饮料和食物。车美仕知道，你希望它也能够提供同样水平的个性化服务，从线上营销信息的推送到线下门店的体验。车美仕也希望尽可能多地了解你，以便预测你的需求和喜好。为了做到这一点，它在技术上投入了大量资金[10]（我们将在本书后面更详细地讨论车美仕和星巴克）。

其他品牌正在经历从传统的供应驱动或"类比"商业模式过渡到按需或"数字化"商业模式的痛苦过程。许多品牌甚至还没有开始，或者刚开始搭建用来收集营销所需的消费者数据的基础设施，希望让自己从更先进的技术中受益。即便是已经建立数字基础设施的品牌也可能仍处于数据收集的阶段，它们可能会专注于积累经验并快速获得一些正反馈，从而形成可累积、可优化迭代的洞察。

比如，可口可乐公司的第一代自动售货机允许客户通过混合搭配不同的口味来定制汽水，这产生了大量的消费者偏好数据。这些机器将世界各地的客户自行创建的组合数据发回公司总部。这一数字化举措促成了樱桃雪碧这款新产品的成功开发，以及一台更先进的能实现 1 对 1 定制化服务的自动售货机的研发落地：动乐能量补给站。

推迟甚至忽视将人工智能和个性化的应用作为战略目标之一的代价会很大。比如，卡夫亨氏公司（Kraft Heinz）在 2019 年 2 月经历销售下滑和对其旗下几个知名品牌进行了大手笔商业减值后，表示有意将人工智能和机器学习纳入其运作中。分析师认为，这些动荡是先前管理层执意想通过削减成本来实现增长的僵化理念导致的。公司任命了一位新的首席执行官米格尔·帕特里西奥（Miguel Patricio），他曾是百威英博（Anheuser-Busch InBev）的首席营销官[11]。不到6个月，公司就宣布任命科拉多·阿扎里塔（Corrado Azzarita）为新的首席信息官。据福布斯公司官网报道，阿扎里塔表示，他使用机器学习模型分析历史销售额、竞争对手当前的促销活动和宏观经济变量等数据，为卡夫亨氏的品牌推荐最佳的促销活动，以及用其他模型帮助其找出用于宣传产品的最佳媒体组合[12]。

尽管如此，"广告商观点"公司（Advertiser Perceptions）对300家广告主进行的一项调查发现，接受调查的营销者中有一半没有计划在营销中使用人工智能。"广告商观点"公司执行副总裁弗兰克·帕萨多尔（Frank Papsadore）说："像宜家和丝芙兰等在营销上有大额预算的品牌都在开拓人工智能营销，但大多数广告主没有资源，因此他们专注于更直接的营销工作[13]。"这意味着，如果你是一家知名公司的营销者，你可能会在实施人工智能和机器学习的过程中面临一些来自内部的阻碍，而其中有些则需要进行彻底的变革[14]。

犹豫不决所导致的问题很明显。在整个商业世界中，高毛利的类比商业模式正在逐渐消失，取而代之的是低毛利且依赖销量的数字驱动型商业。而创建成功的数字化业务需要大量的投资，这就意味着，公司在品牌数字化成功前，势必面临利润下降的局面。成功后则是全新的商业模式：更低的单位赢利能力、更高的销量、更低的成本以及潜在的更高总利润[15]。为了取得成功，管理层必须下定决心进行长期投资，并准备好容忍低利润甚至没有利润的暂时性鸿沟。否则，品牌可能会面临破产保护，而且公司可能无法存活下来。

看看那些申请《美国破产法》第 11 章破产保护的品牌：西尔斯①百货（Sears）、克莱尔②（Claire's）、玩具反斗城（Toys "R" Us），等等[16]。其中，西尔斯已将其实体店数量缩减了 75%，出售了关键资产，并解雇了公司办公室和线下店数千名员工。它已经从破产中走了出来，并在着手开设新的家居用品商店[17]。克莱尔深受青少年欢迎，它也在申请破产保护。在这个过程中，它关闭了商店，冲销了 19 亿美元的债务，获得了 5.75 亿美元的新资本，并宣布计划将自己重塑为一家规模更小、利润更高的企业[18]。

玩具反斗城于 2018 年关闭了门店，亚马逊等互联网企业纷纷进入这个赛道填补市场的空白。它于 2019 年被反斗城儿童（Tru Kids Brands）收购[19]。反斗城儿童计划通过开设较小的"体验式"商店来重振该品牌，并与包括塔吉特（Target）在内的各种零售商合作。它还与互动糖果体验供应商糖果乌托邦（Candytopia）合作[20]，打造"玩具反斗城历险记"。这会是一系列的互动游戏室，各种装置会将焦点放在玩具反斗城的吉祥物长颈鹿杰弗里身上。反斗城儿童已与零售服务提供商 b8ta 合作，后者将让反斗城儿童访问其拥有的数据和行业分析，用以跟踪进出商店的客流量等情况，使公司能够做出更明智的决策。b8ta 公司联合创始人兼总裁菲利普·劳布（Phillip Raub）说："今年（2019 年）将是我们测试和学习的机会[21]。"但是，如果品牌想要使用数据来提升在线体验，就需要考虑加强美国《儿童在线隐私保护法》的执行，以制定负责任且合乎道德准则的在线战略。

关键是这有可能让公司在破产边缘，或者在如新冠病毒疫情和股市泡沫等危机中存活下去继续拼杀。为了长期生存，我们相信这种转型无法避

---

① 西尔斯是美国的一个以向农民邮购起家的品牌。——编者注
② 克莱尔是一家以打耳洞、售卖平价珠宝和时尚配饰为主营业务的零售商。——编者注

免。品牌必须弄清楚如何利用人工智能更好地为消费者服务。为什么？因为人们很难获取顺应这种一对一个性化营销需求的经济所需的资源。

虽为时未晚，却时不我待。时间至关重要。这与20世纪90年代后期的技术进步不同，致力于将人工智能和机器学习应用于营销的品牌未来的进步将是指数级的。而从客户数据中形成的洞察力是逐步累积的。为利用这些洞察定制开发的人工智能算法则使得公司有能力提供个性化的体验——从广告到定价再到促销等——其对客户的价值将随着时间的推移呈指数增长。

在这种新的人工智能驱动的商业模式中，赢家通吃。那些等待将人工智能和机器学习应用于营销的人将被抛在后面，这可能意味着终结。

好消息是，如果你现在就开始，你还有时间入局。本书旨在向你展示如何做。

第 2 章
AI 营销画布：营销者的战略地图

> 我们处在一个少有的可以创造变革的历史时间点上。这将重新定义营销者。这是你能成为行业先驱者的历史性机遇。不要等着营销行业在你身边变得越来越智能了才被动地开始应对。我们现在就要去主动了解、测试，然后规模化人工智能的应用场景。
>
> ——保罗·罗策（Paul Roetzer）
> **市场营销人工智能研究所（Marketing Artificial Intelligence Institute）创始人** [1]

在这个技术不断突破和颠覆的新经济中，竞争对手迅速崛起，市场格局瞬息万变，我们相信有且只有一种方法能赢得竞争，那就是在扎实的营销战略上部署人工智能和机器学习。这个方法基于一种经市场验证过的原则：公司如何获取、留存、发展其客户关系以及促使客户做推荐。

不仅如此，这些策略还必须由那些执着于探寻使用人工智能和机器学习方法的营销负责人推动。这些方法能在营销的每个关键节点实现客户关系的个性化。而你的任务就是使用人工智能和机器学习来进一步增强客户关系时刻（Customer Relationship Moments，CRM），从而为消费者提供一对一的个性化体验：让他们找到、购买、复购你的产品，然后让他们推荐你的产品。

本书的使命是为读者提供一个被称作"AI营销画布"的框架来指导其完成这一过程。这是一个路线图，我们可以使用它来制订有效的营销计划。它阐释了将人工智能和机器学习有效地应用到营销中所需的所有内容。靠它，我们就能赢。

为了让大家更了解这个框架，同时也为了验证它的合理性，我们与各行各业的或大或小公司的营销负责人进行了数十次坦诚但保密的对话，并将这些材料的部分内容提供给了世界各地的营销和技术团队。从中我们了解到，很少有人能真正挖掘人工智能和机器学习的作用，去实现这些技术在营销上的长期价值。

我们在针对公司高管培训的项目中也教授过这些概念。我们对参加培训的数百名营销者的调查结果进一步证实了之前对话中所了解到的信息。在我们的调查中，超过四分之三的受访者表示，在利用人工智能和机器学习进行营销时，他们感觉自己能力不够。

他们，也可能就是你：

- 在新闻中听到很多关于人工智能和其他新技术的信息，但很难确定什么是炒作，什么是真实的，什么只是一时的风尚，什么是过度恐慌以及什么才是经久不衰的。
- 看到自己的业务在发生变化，但是感到自己没有准备好应对。
- 认识到削减成本并不是确保利润长期增长的制胜战略。
- 面临来自利基市场初创公司和大型集团日益激烈的竞争，但不确定该如何应对。

事实上，麦肯锡公司（McKinsey）在2018年11月发布的一项调查显示：①43%的受访者（调整后的受访人数为1646人）表示缺乏清晰的人工智能战略是他们推动人工智能技术的最大障碍；②42%的受访者表示缺乏具备能承担人工智能相关工作所需技能的人才；③30%的受访者表示存在职能孤岛，无法落地端到端的人工智能解决方案；④27%的受访者表示缺乏领导者对人工智能的投入和承诺；⑤24%的受访者表示缺乏可用的（即已经收集好的）数据等[2]。

高德纳公司（Gartner）于2019年9月发布的一项调查提到，企业成熟度（员工技能、数据范围或质量以及管理问题或顾虑），对未知的恐惧（尤其是了解人工智能的好处和用途）以及不知道从哪里切入（寻找应用场景、定义战略和寻找资金）是人工智能采用的三大障碍。该调查还指出，服务商战略也是一项挑战，软硬件的集成已经很复杂了，不同服务商的能力又参差不齐[3]。

如果你从事营销工作已经有一段时间了，你可能还记得20世纪90年代初数字营销出现时的情形，当时品牌方就很挣扎：要不要在这个称为"互联网"的新信息渠道上提供产品呢？你可能还记得，为响应管理层要求，实施这项新奇的技术花了不少钱。那时其实都没有想清楚该技术到底将如何推动业务发展。即使到后来，你们也没能准确地知道它是如何发展的。

即便你没印象了，我们还记得。因此，本书的使命就是要实现提前干预。这样一来，如果你看到当下流行的新技术不是基于实用的营销策略或根植于被验证的营销原则的，那它就一分钱都不值得花！我们号召营销负责人面向营销的重要转折时期行动起来，直面问题，主动决策。

AI 营销画布

你需要的是一个"恰到好处"的解决方案，一个使用人工智能来优化客户关系旅程每个时刻的指南。我们在本书中已经给出了解决方案。这会是一张路线图，可以让你找到自己和所在组织现在所处的位置，并展示了切实可行的前行路线。

受传统商业模式画布的启发，"AI 营销画布"分为五步：打基础、做实验、扩场景、促转型、保收获。这五步是大量案例研究和项目实操的产物。我们与那些已经成功使用人工智能来优化客户关系时刻的品牌进行了多次对话。事实上，我们发现，不同品牌、不同品类甚至不同国家的成功的公司都在一定程度上经历了这五个阶段。

为此，我们采访了可口可乐（Coca-Cola）、祖源基因检测（Ancestry）和《华盛顿邮报》等公司的品牌和营销技术负责人，来划分和确定成功实施人工智能的这五步。我们也获得了他们的许可，与大家分享他们成功的经验。每个步骤都会有一个大品牌的详细案例以及其他品牌在营销中积极使用人工智能的小例子。所有这些都旨在为你提供尽可能多的视角来了解其他人是如何成功使用人工智能的，以便你可以自信地开辟属于自己的道路。

你还会注意到 AI 营销画布是以客户为中心的。通过将客户置于讨论的中心，本书中的画布和支持材料提供了专门设计过的解决方案，直接帮助营销经理利用人工智能更好地完成工作，帮助他们提供令人赞叹的、高度个性化的客户体验，从而树立品牌的差异化形象，赢得市场竞争。

鉴于我们提供的案例，你可能会认为本书仅适用于大品牌，其实并非如此。事实上，我们采访的许多营销负责人都是中小型企业（small and medium businesses，SMBs），他们正在寻找利用人工智能在竞争中脱颖而出的方法。如果这句话说中了你的心思，那你必须明白本书中的原则对于确保你在未来赢得竞争胜利可能更加重要，因为你的资源非常有限。你对人工智能的投资必须极度聚焦，这才能让你事半功倍。"AI 营销画布"也是你迈向成功的路线图。

营销的演变

无论你是否经历了 20 世纪 90 年代万维网的出现，可以肯定的是，你现在正受到有关人工智能和营销应用各种信息和观点的轰炸。在过去的 100 年里，营销已经从人工策划发展到机器辅助，再到机器优先决策。长期以来，口碑传播或者明星推荐一直是一种让潜在消费者产生购买欲的方式。寻求推荐的消费者也会更容易选择自己喜欢和信任的名人，这些名人可能是玛莎·斯图尔特[1]（Martha Stewart），也可能是沙奎尔·奥尼尔[2]（Shaquille O'Neal）。然而，营销要走名人路线，就要切中以下要害：

- 消费者能找到符合他们认可的名人。
- 希望名人已经代言了消费者感兴趣的产品类别。（玛莎·斯图尔特是否推荐希腊的酒店？）
- 希望名人在该类别中具有可信度。（这是真实的代言，还是付费的

---

[1] 玛莎·斯图尔特出生于美国新泽西州，曾担任过数年专业模特，也曾赢得纽约巴纳德大学奖学金，1976 年创立了"全媒体"（Omnimedia）公司。——编者注
[2] 沙奎尔·奥尼尔出生于美国新泽西州，曾为美国职业篮球运动员，绰号"大鲨鱼"。——编者注

代言？）
- 希望他们的建议是最新的、应景的。

在机器辅助场景中，消费者通常在线与网站后台的做产品配置的算法进行交互，该算法根据预设的标准列表应用固定的条件判断规则，缩小产品选项的范围。这种预设的配置路线，需确保消费者能够找到，并能实现以下关键任务：

- 涵盖了消费者感兴趣的类别。
- 在下拉菜单中有一个与他自己的个人标准相匹配的列表。
- 内容丰富、中立且与时俱进。

显然，这两条路线对于买家来说都不太理想。必须有更好的方法，那就是用人工智能和机器学习来增强客户关系中的各种关键时刻，这样它们就可以变得个性化，或者可以称其为"人工智能客户关系时刻"（AI Customer Relationship Moments）[4]。尽管人工智能和机器学习技术的进步和营销的变化类似于互联网的发展，不同之处在于今天的进步发生得更快。此外，在科技快速进步的背景下，人工智能和机器学习不仅改变了营销格局，还颠覆了整个行业，例如：

- 广告（由谷歌开启的程序化投放的广告）。
- 媒体和新闻（定制化且简短的新闻推送）。
- 健身和娱乐[佩洛顿公司（Peloton）、亚马逊公司、奈飞公司]。

作为回应，市场上已经出版了数十本关于人工智能和营销的书籍以及数百篇文章。我们看了很多，大多数人要么过于理论化和技术化，要么过于夸张，对于那些负责制订公司策略、要花掉高额预算且要看到结果的营销负责人来说，这些内容用处不大。

市面上虽然已经有了这么多关于如何应用人工智能和营销的介绍，但真的很难搞清楚该听谁的，更让人无从下手。一方面，哲学家在讨论人工智能将如何拯救人类，这很好，但这很难转化为用人工智能帮助你卖更多的鞋子或玉米片。往下走一点，理论研究者将特定行业分类并建立这些类别相互之间合理的关系。在理论和哲学层面之间的，有来自服务商的白皮书，它们展示了当下流行的人工智能和机器学习算法实施的技术细节。另一方面，人们每天被推送许多超短且易读的博客文章。这些文章听起来很重要，实际上并没有多少内容能帮助首席营销官学会如何在业务中运用人工智能。

对于营销者来说，哲学和理论方法维度太高、太抽象，服务商的内容又有太多的技术细节，那些用"28个工具助你落地"作为标题的博客文章又太战术了。从概念层面上讲，这些内容要么太高，要么太低；从操作层面上讲，这些内容要么太基本，要么太具体。

更糟糕的是，市面上缺乏公开可用的框架来帮助首席营销官和营销负责人采取明智的行动来实施人工智能。事实上，我们只能找到两个公开可用的营销行业的人工智能框架模型。据我们所知，这两个框架在营销行业中都没有引起多大的关注或者被广泛采用。

营销者的困境

人工智能和机器学习将让作为营销负责人的你更加依赖技术和金融。

因此，与财务和信息技术负责人建立良好的关系至关重要，他们掌握着推动这一切成功落地所需资本和运营经费的关键审批权。

作为知道什么对消费者最有利的人，你的工作是在内部为消费者的利益发声。一方面，技术部门的同事可能不会优先考虑消费者。他们的工作重点是维护：系统升级、数据清理（至少希望如此）、系统和数据安全、成本控制和权限管理。另一方面，你的财务同事专注于优化各种负面指标：应收账款、单位制造成本、库存、交货时间。技术部门的同事还专注于降低系统总成本。出于种种原因，将时间、精力和金钱投入新技术中来推动公司增长，或者通过个性化来创造价值，通常在技术或财务部门并不重要。

在最初阶段，财务和技术部门对人工智能和机器学习的兴趣可能在于它们如何提高安全性、节省成本，并提高企业的整体效率。许多人工智能驱动的应用程序已经可以做到这一点。就你的世界而言，人工智能和机器学习当然可以用于将重复的、低价值的营销任务自动化。比如，你可以使用自然语言处理销售数据，将其转换为文本，自动编写营销周报。这省去了让人花数小时查看仪表盘，然后做文档的过程。在这方面已经有很多应用程序。你应该做个调查，看看怎么提高营销效率。

然而，我们的重点是使用人工智能来推动增长，我们相信，这将是赢得市场竞争，最终决定胜负的关键所在。

那么，公司里究竟是谁应该为增长负责？答：你。这是营销负责人的责任！要赢得竞争，你必须成长，而你成长的方式是借助人工智能和技术，这就是菲利普·科特勒（Philip Kotler）所说的"营销4.0"，或者这是我们许多人所说的"现代营销[5]"。你将通过使用机器来实现增长，加速推动和落地个性化，并使之规模化。这靠人类手动是没法实现的，不用说一个人，即便一群人也没法实现。在此过程中，你需要让公司的技术和财务同事参与进来,之后我们会给出一些建议来帮助你做到这一点。

立即接受挑战

我们敦促你现在就迎接挑战,推动公司变革,因为这是你的未来。根据麦肯锡全球研究所[6](McKinsey Global Institute)的一篇论文《人工智能前沿笔记:模拟人工智能对世界经济的影响》(*Notes from the AI Frontier: Modeling the Impact of AI on the World Economy*),人工智能将在未来十年推动全球经济增长 1.2%(130000 亿美元)。这篇论文还说:

人工智能的影响可能不是线性的,它产生的影响会随着时间的推移以更快的速度累积。到 2030 年,它对增长的贡献可能是未来五年的三倍或更多。从采用到完全接纳人工智能很可能是 S 形曲线的过程,开始因为学习和部署这些技术需要大量的成本和投资,人工智能带来的增长会缓慢体现,之后因为竞争越来越激烈,创新所需的各种辅助设施也完备了,它带来的增长就会加速。

如果将这种"慢热"(slow burn)的现象理解为人工智能影响有限,或者你只坐在一边旁观,这就大错特错了。那些早期已经采用这些技术的公司的收益规模将在以后的几年中积累、爆发,而它们侵占的就是那些只采用了一点或没有采用人工智能的公司的市场。

正如作家杰克·康菲尔德所说:"问题是:你认为自己有时间[7]。"所以,让我们开始吧!

第 3 章
本书结构

这本书分为 4 个部分，共 16 章，包含了我们认为营销者在组织中推动人工智能和机器学习所需的所有概念和实施框架。

第 1 部分"挑战和出路"有双重目的。其中的前两章"当今营销者面临的挑战"和"AI 营销画布：营销者的战略地图"旨在让你从 3 万英尺[①]高空俯瞰这本书的核心概念。本章"本书结构"对我们将要介绍的概念进行了全面阐述。如果不需要看概述，请直接跳到第 2 部分。但是，如果你想了解我们为你准备的所有内容，请继续阅读。

第 2 部分"人工智能和营销本质"由三章组成。这个部分提供了为了更好应用本书第 2 和第 3 部分所需的基础知识和词语。在第 4 章"网络和节点"中，我们将技术上会涉及的两种主要商业模式（我们将其称为"网络"和"节点"）作为讨论的基础。第 4 章的目的是让你清楚地了解每种模型是什么，以便确定你现在所处的位置，并确定你的品牌更适合用哪种网络化的模型。我们还将说明为什么不是"网络"的公司需要尽快拥抱人工智能和机器学习的新世界。因为，最终这将是一个赢家通吃的局面。本书也会用大量证据说明这个观点。

在第 5 章中，我们将向你介绍"客户关系时刻的心智模型"，这是一种

[①] 1 英尺 =30.48 厘米。——编者注

通用的客户决策旅程模型，可以很容易地与你现有的客户模型相结合。我们还将带你了解构成该模型的4个关键时刻：获取、留存、增长和推荐。最后，我们将展示传统的客户关系时刻与人工智能客户关系时刻有何不同。我们认为，赢得人工智能客户关系时刻是人工智能营销策略成功实施的关键。我们也将向你介绍AI营销画布。它可以作为你决策的路线图，你可以用它来判断如何最大限度地在各个"人工智能客户关系时刻"征服客户。

在第6章"什么是人工智能和机器学习"中，我们将为你准备好与数据科学团队和技术服务商成功沟通时所需的有关人工智能和机器学习的必备词语和知识。你将学习机器学习的类别，以及一些关于神经网络和深度学习的知识。我们也将就数据和分析的概念进行简要回顾。最后，我们将给出一些例子来说明何时在机器学习中用些什么技术。无论人工智能和机器学习对你来说是否是个新鲜的概念，你都可以了解到这些内容的背景信息。不管你处在什么阶段，请不要跳过这一章。你将需要这些词语来推动项目，来与你的数据科学部门对接人进行建设性的对话。这个部分写了许多与品牌和营销相关的例子。要知道，我们努力让这个部分不仅易于阅读，而且尽可能地有趣、目的明确。

第3部分"AI营销画布：营销中应用人工智能和机器学习的五步法"是对画布的概述，这里对每一步都做了简单介绍。这部分的每一章都聚焦于品牌自身，并用例子展示了人工智能在特定阶段如何应用于不同的客户关系时刻。在第7章"AI营销画布中的核心要素"中，我们介绍了画布的这五步：打基础、做实验、扩场景、促转型、保收获。它们涉及4个客户关系时刻：人工智能获取、人工智能留存、人工智能增长和人工智能推荐，同时也解释了如何最好地使用画布。

在第8章"第一步：打基础"中，我们聚焦于介绍如何"打基础"和一些相关的关键问题。"打基础"旨在通过收集整个企业的一手数据来构建数字化基础设施。只有掌握了足够多的、质量可靠的数据，我们才能开始训练机器学习模型和增强客户关系时刻。第 9 章"第二步：做实验"介绍了如何寻找到可以让人工智能快速赋能的营销活动，使用来自第三方或者服务商的人工智能工具在一些营销活动中快速获得结果。我们还将建议你考虑一种新的工作方式：采用敏捷的工作方法将人工智能和机器学习引入你的公司（别担心，我们将展示如何在你自己的公司落实具体工作的流程）。

接下来是第 10 章"第三步：扩场景"。这个阶段要在更广泛的营销活动中使用人工智能，并开始在内部推动与落实系统的开发和能力的建设。在这一章中我们将介绍人工智能营销斗士（AI Marketing Champion）的关键作用，并提供一些关于如何发展人工智能营销团队的想法。我们还将用量化的方式展示你在"第二步：做实验"中所做的实验结果的重要性，这是你能最终拿到额外预算的最强有力的依据。"第三步：扩场景"中的很大一部分工作内容将是：不断地设计营销活动并加以实施，然后就活动效果进行评估，并从评估结果中获得有用信息。这样你就可以知道哪些有效的事情该多做，哪些无效的动作要避免（同时，你要记录对未来业务发展有帮助的信息）。

第 11 章"第四步：促转型"讲了如何使用人工智能实现一系列营销活动的自动化。可能刚开始是在某一个客户关系时刻使用人工智能，深入之后就可以在其他 1—2 个时刻使用。在这个阶段，你接触到的人工智能和机器学习模型都源自公司内部。即便模型是你让合作伙伴开发的，整个模型的开发也都应在营销部门的控制之下。在这一点上，我们会要求你：要么考虑让公司去收购一家有现成技术的团队，要么在公司内部建立团队。

我们将描述这个阶段中的一个典型过程，为你提供用于评估的表格，帮你去衡量哪个方向更适合自己。

在第12章"第五步：保收获"中，我们介绍了使用自己开发的模型的方法。无论你使用的模型是公司自行开发的，还是通过收购获得的；无论这个模型是用来实现增量收入的，还是用来构建新的商业模式的；抑或是作为服务外部客户的平台，本章都会做相关介绍。注意：并非每个品牌或公司都希望或需要进入第五步。要实现这一目标，你必须从做节点跳到搭网络（读完第4章后，你将了解那道鸿沟的深度）！

最后，第13章"AI营销画布的综合应用：星巴克"重点介绍了星巴克，这是另一个一流品牌完整实施画布五步法的案例。在本章中，我们将讲述星巴克发展时间线，以便你了解"海妖"公司（Siren）取得巨大成功背后所做的各种努力以及它所经历的失败。

每一章都会有一个总结，并给大家提供一个行动清单，帮助大家锁定关键信息，让概念变得切实可行。本书结尾处还提供了一个诊断工具，把画布每一步实施过程中遇到的问题做了进一步的拓展。

第四部分"实施"旨在帮助你扫除在公司引入人工智能和机器学习时必将面临的障碍。这部分着重介绍了人工智能和机器学习在帮你完成各种繁杂的工作时，也帮你创造了大量的机会：它让你能专注于提高与消费者沟通的质量和频率。

在第14章"管理变革"中，我们将诠释为何连谷歌这样的高科技企业也要从技术和文化层面上转型实施人工智能和机器学习。我们将向你展示谷歌管理团队是如何实施约翰·科特（John Kotter）变革模式的：创造变革的氛围、传递变革愿景和赋能组织、创造短期胜利，然后强化新的方向。我们将就如何促进这些变化提供一些指导，这些变化必须跨越多个维度：

人员、流程、文化和财务。

第 15 章 "着手启动" 从诊断工具切入，提供了用于落地实操的指导。你可以用它来评估自己在画布中处于哪个阶段。你还将了解可能出现的差距和挑战，以及为了缩小这些差距、赢得挑战要如何做好准备。然后，我们将用一个虚构的企业 "拉吉的面包店"（Raj's Bakery）的 AI 营销画布来结束本章。

最后，在第 16 章 "号召行动" 中，我们将讨论这一切对你个人的影响，为你做下一阶段的决策提供一些指导。我们还将向你指出一些后续可以做的事情，包括提供一个你可以用以参照来推进业务并拓展职业生涯的清单。最重要的是，我们将总结三位营销和商业领袖的思想，告诉你品牌该如何挖掘人工智能的潜力来拥抱未来机遇和闪耀人性光芒及其必要性。

本书的目标相当远大，甚至似乎有点难以企及，但它们是可以实现的。这一切都始于你将以客户为中心的战略营销付诸实践，创造数字化驱动的商业，最大限度上发挥人工智能与机器学习的价值。你准备好接受挑战了吗？想必是的。那让我们开始吧。

第 2 部分

人工智能和营销本质

第 4 章
网络和节点

当蜘蛛联合起来结网，它们可以困住狮子。

——埃塞俄比亚谚语

2011 年，"财经名嘴"吉姆·克莱默（Jim Cramer）将四家科技上市公司——脸书、亚马逊（Amazon）、奈飞和谷歌（Google）简称为"FANG"。它们太大了，任何一个重大举措都会直接影响到股市。"FANG"和其他技术驱动的公司销售产品、服务或体验的方式也从根本上影响了营销者的世界认知。它们完全颠覆了消费者对品牌关系的所有预期（这个观点并不是新闻，具体请看下文）。

这些技术驱动的公司就是"网络"。我们将"网络"称为互连"节点"的系统。"节点"是"网络"的基本元素。例如，铁路系统是由作为节点的单个火车线路组成的网络；商会是由作为节点的单个本地企业组成的网络；早期的电报系统是由作为节点的本地电报局组成的网络，在其中人们可以使用莫尔斯电码进行通信。可以说，西联电报公司（Western Union Telegraph Company）是美国最早的技术平台之一，其历史可以追溯到 19 世纪。请注意，不同的节点也可以是独立存在的，它们与强大的网络存在竞争关系，关于这一点我们将在下文加以讨论。

网络的优势在于迫使公司关注它，其最主要的优势在于使企业通过规模化获得指数级增长的收益,即所谓的"网络效应"。梅特卡夫定律(Metcalfe's Law)指出,当添加一个增量节点的成本为 n,而该节点的增量价值为 n 的平方时,即存在网络效应。如今更多人认为 n 的平方高估了网络效应带来的价值,因为并非所有增量节点都平均地增加了 n 的平方的价值。现在有些人将网络效应写为 $n \times [\log(n)]$。[1]

比如,对于贝尔电话公司(Bell Telephone),如果只有一部电话,那它毫无用处。但随着越来越多的家庭使用电话,网络的价值也随之增加。更多的电话意味着更多的人可以相互交谈。社交平台也类似,参与社交平台的用户越多,该网络对社群的价值就越大。在这种背景下,脸书、亚马逊、奈飞和谷歌都可以被视为通过其专有技术平台为消费者提供价值的网络,而这些平台都是以人工智能为基础。

在 2016 年出版的《平台革命》(Platform Revolution)一书中,作者将平台定义为"一种新的商业模式,它使用技术将人、组织和资源连接在一个交互式生态系统中,在这个生态系统中可以创造和交换惊人的价值[2]。"如果你生产一种实体产品如烘焙食品或拖拉机,并通过亚马逊这样的网络销售,而且你的主要商业模式不是由一种能将你与消费者或者将订单与消费者连接起来的技术平台驱动的,那么你很可能是一个"节点"。

但是,不要太执着于这些非黑即白的定义。正如你将看到的,网络有很多不同"种类"。此外,一些网络由不同的小单元构成,这些小单元很像一个个节点,而许多节点(包括上面列出的一些)也正在不断向网络发展!好消息是,存在如此多细微的差别,说明成功的方法不止一种。只要该商业模式让你高效地使用数据为消费者创造价值,就有可能成功。

让我们深入研究一下网络和节点的概念。

虽然网络是通过技术平台为尽可能多的消费者提供产品、服务或体验,但这并不是它唯一的价值。网络还围绕这些供给（搜索的商品、销售等）收集和分析一手消费者数据，以便它更多地了解每个消费者，并通过个性化不断优化他们的体验。网络还可以让其他供应商与其用户建立买卖关系，在这种情况下，网络允许供应商使用他们的平台进行交易，并向交易达成的一方或双方收取费用。亚马逊、易贝（eBay）和阿里巴巴（Alibaba）都是这样运作的网络。

像汰渍（Tide）和可口可乐这样的供应商，它们作为节点就面临不小的挑战，尽管它们可以访问网络上的买家，但它们通常收集不到任何消费者个人的数据。如果网络与供应商共享了该信息，供应商就有可能用它来跟用户直接建立连接，提供个性化的产品来培养这些用户的消费习惯。这样一来，消费者就会直接从供应商处购买产品，而不是从网络上购买。

事实上，网络通过技术驱动的平台收集和处理大量的一手数据，为用户提供个性化的体验，这是网络创造和维持竞争优势的关键。网络所拥有的一手数据可以帮助企业开展产品推荐，与消费者进行个性化的沟通，并做出合适的报价。所有个性化营销策略都是通过人工智能算法来实现的。而这些算法则会用网络收集的一手数据来持续优化。

即便所有网络的业务模型都是由技术平台赋能驱动的，但这些平台配置的方式却大相径庭。事实上可以肯定地说，没有两个平台的配置方式是完全一样的。

网络

大家先来看看网络。大多数节点都在想办法成为网络，这样它们才可以直接获取用户的一手数据。网络使用这些一手数据来开发人工智能算法，这些算法就会不断优化你在平台上的使用体验。网络就像雪花，没有两片是完全一样的。有些很纯粹，有些则是混合的，这意味着它们既有不少网络特征，也具有典型节点的特征。

纯粹网络

纯粹网络的例子有脸书、谷歌［特别是它的子公司"油管"（YouTube）］和亚马逊。之所以称它们是纯粹的，是因为它们的主要商业模式就是提供一个技术平台，将买家与卖家联系起来。例如，"油管"将内容创作者与内容消费者联系起来。纯粹的网络还会与客户建立直接连接：允许他们留下自己的观点，也能让他们看到其他人对不同产品和服务的评论。

爱彼迎（Airbnb）、优步（Uber）、齐洛（Zillow）、"票务中心"（StubHub）、胡兹（Houzz）、爱得喜（Etsy）和领英（LinkedIn）也都有纯粹网络的特征［比如，企业对企业（B2B）网络领英，其用户评论以背书和推荐的形式体现］。爱彼迎和优步是纯粹的网络，因为它们不拥有任何东西，只是将消费者与供应商或卖家直接连接起来。齐洛房地产应用程序也是一个纯粹的网络，它将消费者与房地产经纪人直接连接在一起。在B2B领域，领英提供了一个平台，表面上主要是为了将其成员联系起来社交，但也把潜在的雇主和候选人联系了起来。事实上，现在有成百上千的公司都在使用技术平台创建网络，将从摄影师、遛狗员到私人飞机驾驶员等[3]各个领域的消费者与其供应商对接起来。苹果公司（Apple）最初也只是一个节点，但它创建应用商店时就加入了纯粹网络的属性。它为供应商提供了一个平台来提供它们的产品，继而让消费者能购买、评价和讨论这些产品。

一些（不是所有）纯粹网络也销售自己的产品，或者正在培养提供销售产品的能力，其中包括齐洛之家（Zillow Homes）、亚马逊基本款（Amazon

Essentials）、"油管"原创（YouTube Originals）、爱彼迎体验（Airbnb Experiences）、领英学习（LinkedIn Learning）等。这些衍生产品更像混合网络，它们通过自营来把控消费者体验，进一步增加平台的竞争优势。

混合网络

混合网络是在纯粹网络商业模式（通过技术平台连接消费者和供应商）的基础上，公司自己充当供应商。奈飞是一个混合网络的典型例子，因为它现今的商业模式是做一个内容创作者、销售商和平台供应商。奈飞不会直接把内容创作者的网站（如果内容在"油管"上的，就是频道）推给用户，它拥有整个端到端的用户消费体验。让奈飞与众不同的另一点是，它专注于使用数据为用户创造价值。奈飞知道每个订阅用户的特征，也知道与他们相似的用户正在观看什么，因此它能够提供高度个性化的产品。它就像一家杂货店，会自动重新排列自己，不仅展示你最常购买的产品，还展示它预测你将需要或可能感兴趣的产品。

你会注意到奈飞没有直接与消费者建立联系，也没有为内容创作者提供直接向消费者销售的空间。如果奈飞是一个纯粹网络，它的主要业务将不再是去做自制剧，而是鼓励人们将自己的内容直接发布到平台上供其他人观看。这样的话，它本质上就和"油管"一样了！

为此，接下来我们通过比较不同的媒体供应商，来更深入地研究这两种网络（纯粹与混合）的定义。

媒体网络

媒体网络是一个以演出、电影和视频的形式，向消费者提供信息或数据的平台。这些视频有的是现场直播，有的是预先录制的。"油管"和奈飞是两大最知名的媒体网络，但也有许多较小的。例如，以游戏内容而闻名的直播平台推趣（Twitch）和视频分享社交网络服务商抖音国际版（TikTok）。

自称"美国视频共享平台"的"油管"在全球拥有超过20亿的用户，相当于整个互联网用户的1/3以上。该公司声称全球用户每天观看其视频的时间超过10亿小时[4]。其平台上的几乎所有内容都是由内容创作者制作的，同时这些创作者也是用户，被称为"油管"主播。这些内容创作者会努力获取足够多的订阅者来追随自己的频道。只有当订阅者足够多时，他们才有资格将广告插入他们的视频内容中（获取推广收益），这类似于传统的电视广告。其中一些"油管"主播会选择在"油管"平台上加入"多频道网络"（Multi-Channel Network，MCN）进行托管。

在2017年，"油管"还推出了"油管"电视（YouTube TV），你能以49.99美元的价格看70多个付费频道。它还推出了"油管"音乐（YouTube Music），并在2019年12月推出了三种个性化的推荐列表："经典推荐列表"（Discover Mix）、"新发布推荐列表"（Release Mix）和"我喜爱的推荐列表"（Your Mix），"这三种列表可以让用户及时了解刚刚发布的内容，并根据用户的个人喜好向他们介绍更多的艺术家和音乐[5]。"然后是"油管"原创，这是一系列委托第三方制作的内容，有的可以免费看，有的观看时需要看广告（付费用户可以不用看广告）[6]。"油管"对其产品矩阵进行了改进和精简，并于2020年推出了一些新节目。然而，"油管"并没有试图与奈飞、亚马逊这些提供有预制脚本内容的平台竞争，而是专注于提供无脚本、教育类型和音乐艺术家真人秀的内容[7]。因此，尽管"油管"参与了一些混合网络的活动，比如自己进行内容创作，我们还是将"油管"定义为一个纯粹的网络，因为它的主要商业模式是提供一个直接连接外部供应商和消费者的内容平台。

始于1997年的奈飞是一个流媒体平台,最初是一家将影片邮寄到人们家中的视频租赁公司。它开创了一种订阅模式,在这种模式下,客户只需支付固定的月租就可以订购多部电影,并且想看多久就看多久。这很受消费者欢迎。它的竞争对手视频租赁商店"大片"(Blockbuster)对逾期归还影片的用户收取高额滞纳金,"大片"的不少用户便流向了奈飞。奈飞之所以能留住用户,很大程度上取决于它对用户观看内容的推荐机制[8]。2000年1月它推出了"影片匹配",这是一种推荐系统,用来鼓励用户使用1～5颗星对电影进行评分。用户对电影的评分越多,预测他们对电影偏好的准确性就越高。到2007年,奈飞拥有近10亿条电影评论,而"影片匹配"系统为公司带来了很大一部分流量(超过50%)。

为了让"影片匹配"系统更准确地预测客户对某些电影的喜爱程度,2006年,奈飞以100万美元作为资金,招募能开发出让系统预测精度提高10%的引擎的团队。该奖项于2009年授予了一家帮奈飞开发了第一代协同过滤算法的公司,这项技术帮助奈飞在之后数年实现赢利。网速的提升和技术的进步最终提高了奈飞在互联网上"流式传输"影片的能力,这就增加了用户以及他们观看影片的数量。数据更多,算法预测的准确性也更高,因而推荐引擎为用户推送结果的价值也更高。

如今,奈飞运营着一个成熟且复杂的技术平台,该平台允许其付费用户(截至本文撰写之时,奈飞在全球有19295万个用户,并且还在不断增加)通过奈飞应用程序观看流式传输的视频内容[9]。2016年以来,它已在全球几乎所有市场进行流媒体传播,这样确保用户在几乎任何地方都可以看到相同的内容[10]。奈飞的商业模式建立在其技术平台收集用户一手数据的能力之上,这让它能运用复杂的算法对用户想要看什么内容、何时想要看做出预测。注意："油管"的推荐取决于观众订阅的频道以及他们喜欢和评论的视频，而奈飞在客户没有直接输入任何信息的情况下就能进行推荐。事实上，奈飞关闭了用户评论的功能，并于2018年从平台上删除了所有评论，理由是使用这一功能的用户数量下降。关闭评论阻止了平台使用者相互联系、相互影响[11]。就像之前所描述的，奈飞的商业模式包括创造产品、销售产品并提供使用产品的平台。奈飞是混合网络的一个例子。

推趣是一个媒体网络，为"在线聊天、互动和自己制作娱乐产品的人"提供平台[12]。它于2014年被亚马逊公司收购[13]。推趣官网显示，"在这个网络社区里，众多像你一样的创作者分享着自己热爱的东西。你还可以在这里开辟一个属于自己的角落[14]"。这个平台被市场描述为"众包直播电视"（crowd-sourced live TV）[15]。大多数的内容是关于游戏的，特别是竞技的、有组织的视频游戏，即所谓的"电子竞技"（eSports）。来自不同联盟或队伍的参赛者在如《英雄联盟》和《堡垒之夜》的游戏中对峙，喜欢这些游戏的居家观众使用推趣观看相关比赛[16]。用户可以从网站或移动应用上观看直播，但是想要自己直播或者和别人聊天就必须注册一个免费的账号。与"油管"一样，推趣由订阅和广告驱动，但也提供应用内购买[17]。

尽管电子竞技是推趣主要的营收来源，但推趣也会邀请创作者直播他们喜欢的任何事情，如创作艺术、演奏音乐、真人秀（in real life，IRL）等。该平台为创作者提供三个级别的"成就"，每个"成就"能解锁额外的功能，如让观众订阅并最终发布广告。2019年，推趣同时在线观看人数平均超过127.4万人，平均观看了50800个直播频道。麦格理集团（Macquarie Group）分析师本·沙赫特（Ben Schachter）说："每天，这个平台上的人数比大多数有线网络上的人数还要多。在高峰时段，一种类型内容的观看人数可能超过100万人。这就是视频如何在互联的世界中不断地演化[18]。"

然而，推趣平台正面临来自微软旗下的游戏直播网站"混合器"（Mixer）、"油管"直播（YouTube Live）和脸书游戏（Facebook Gaming）等其他流媒体平台的激烈竞争。尽管就内容生成和用户在平台花费的时间而言，它仍然领先于竞争对手，但推趣的观看小时数从2019年第三季度到第四季度下降了9.8%[19]。为此，推趣集中资源增加对游戏以外直播内容的投入。特别有趣的是，它还和美国国家橄榄球联盟（National Football League，NFL）关于周四晚上的橄榄球比赛有合作。根据加拿大游戏和电子竞技公司"扭矩电竞"（Torque Esports）的新闻稿，从2018年到2019年，直播平台上橄榄球比赛的收视率提高了45%[20]。推趣平台正在帮助美国国家橄榄球联盟吸引那些不怎么看传统有线电视的球迷以及习惯使用流媒体电视（over the top，OTT）的用户[21]。由于推趣为内容创作者和用户提供平台，它就像"油管"一样，是纯粹网络的一个例子。

抖音国际版是总部位于北京的字节跳动公司旗下的众多应用之一。它是另一个新兴的媒体网络，其重点是移动设备上的短视频。它以平台上那些简短的口播、喜剧和才艺视频而闻名。为了激发创作者不断制作引人入胜的内容，抖音国际版为他们提供了各种"挑战"。挑战包含充满效果和过滤器的音乐曲目，并用人工智能算法优化内容创作、内容管理和内容推荐，做到个性化[22]。这款可免费下载（但提供应用内购买）的应用程序在2020年4月的下载量已超过20亿次[23]。然而，为了努力发展其广告业务，让广告商投放起来更容易，这个媒体网络正面临一些成长期要面临的阵痛。与推趣和"油管"一样，抖音国际版是一个纯粹网络[24]。

交易市场网络

网络运作的另一个领域是交易市场。亚马逊、阿里巴巴、脸书平台和苹果应用商店都可以被视为交易市场网络。爱得喜、时尚印记（Poshmark）和"票务中心"（StubHab）也是交易市场网络。交易市场网络将消费者和供应商联系起来，但在可能的情况下，它们还鼓励消费者通过留下评论来相互联系。作为比较，大家来看看更大的交易市场网络。

亚马逊就是一个著名的大型交易市场网络。它运营着一个极其复杂的技术平台，这个平台能够为消费者提供各种产品及服务，这些产品和服务也是通过平台以多种方式进行采购和分发的。客户可以在网站上留下评论。它还在亚马逊家庭服务中设有专业服务部门，可以安排管道疏通、家具组装和房屋清洁等服务，并通过预先存储在信用卡中的信息收取服务费用。

阿里巴巴是中国最大的国际在线批发市场，其用户遍布两百多个国家和地区。其客户通常是贸易代理商、批发商、零售商和制造商。换句话说，它不是一个面向消费者的平台。与亚马逊一样，B2B的客户可以在阿里巴巴网站上留下产品评论[25]。

脸书主要是一个社交市场，其主要产品是成员创建和相互分享的内容。脸书从这些活动中收集数据，向销售产品或服务的品牌商出售广告空间，然后基于用户数据做定向推送。脸书还为广告商提供一个被称作"像素"（pixel）的网页程序，该程序可以安装在网站或推广页面上，它会在访问者的浏览器上存储数据，以便广告商日后向访问者进行"二次推销"。

苹果平台是一个混合交易市场网络。最初它是作为销售计算机和其他电子产品的节点而诞生的。2008年，苹果公司推出了其应用商店的第一个迭代版本。如今该商店拥有近400万个应用程序（包括免费的和付费的）[26]供用户下载。要访问苹果应用商店，你必须创建一个账号，即便苹果公司在共享用户数据时注重隐私，它还是会收集有关你所购买产品的信息。

时尚印记平台是美国"社交商务"驱动下的市场网络，拥有超过200

万"卖家造型师"以及众多购物者。用户可以买卖或新或旧的衣服、鞋子或配饰；卖家可以关注其他卖家，也能获得自己的粉丝[27]。爱得喜交易市场是全球大型创意市场电商平台，提供独特的手工或复古物品以及艺术品[28]。两者不同的是，爱得喜为买家提供了对产品进行评分的机会，而时尚印记的交易市场则没有。

独立网络

一些节点还充当独立网络的角色，其技术平台通过评论过程允许消费者直接与公司或者其他消费者联系，但不会将他们与竞争品牌连接起来。例如，酒店业的希尔顿酒店（Hilton）和万豪酒店（Marriott）都提供与智能手机应用程序连接的奖励计划，分别为荣誉客会（Honors）和旅享家（BonVoy），这些应用程序允许客户预订房间、检查积分余额并记录他们的偏好。酒店收集的一手数据不仅可以用来更好地为客户服务，还可以为未来会员福利和其他项目的设计决策提供参考依据。

一个非常成功的独立网络例子是星巴克，它建立在星巴克星享俱乐部（Starbucks Rewards）应用程序之上。这个应用程序于2010年首次部署，是一个强大的客户数据收集机器。星巴克不仅拥有丰富的专有客户数据宝库，而且正在基于人工智能的应用撬动这些数据的价值。它还与其他企业合作，将这项技术变现，并将其提供给其他零售商。为此，星巴克和《华盛顿邮报》一样，完整走完了 AI 营销画布的五个阶段。我们将在本书结尾处详细说明原因。

沃尔玛也在努力成为自己的网络。这家零售商表示，它在其实体店的技术上加倍投入，以便更好地与亚马逊竞争，同时还增加了取货架，使顾客可以轻松地在线订购并在附近的商店快速取货[29]。沃尔玛还通过收购其他企业来提升其在线业务能力，前后收购了捷特网（Jet）、摩登穿搭网（Modcloth）[30]和印度电子商务网站翻转购物车（Flipkart）。2020年5月，沃尔玛宣布关闭捷特网项目，理由是要聚焦力量深耕沃尔玛自身的品牌。在与分析师的电话会议上，沃尔玛首席执行官董明伦（Doug McMillon）表示，他认为沃尔玛在过去几年取得的快速发展[31]应归功于此次收购。

虽然能表现得像独立网络的节点还是少数，但我们在这一领域看到了大量的行动，尤其是一些大品牌，它们要么在"直面消费者"（direct-to-consumer，DTC）产品的开发上加倍投入，例如，宝洁公司（Proter & Gamble）创新投资部[32]通过收购有吸引力的"直面消费者"品牌来抢占先机，联合利华公司（Unilever）收购美元剃须俱乐部（Dollar Shave Club），埃奇韦尔个人护理公司（Edgewell）试图收购哈利剃须（Harry's）等[33]。

大规模提供客户价值

事情是这样的：如果所有大型网络所做的都是通过简化购买体验来提高客户期望，那么节点可能会继续通过技术升级来应对这种情况。但简化购买体验仅仅是个开始。在创立之初这些网络中的每一个平台都收集了千万亿字节（PB级）的一手用户数据，然后它们使用强大的计算机算法对这些数据进行分析和处理。这使得它们能对每个用户想要的产品或服务做预测。有时甚至在客户意识到他们想要某种产品之前就做了准确预测。实际上，一个强大的"人工智能机器"能够将大量的一手数据转化为预测结果，网络可以利用这些预测有效地向众多细分市场进行营销，而每个细分市场只包含一个人。

这就是为什么这种基于大数据实现大规模个性化营销的做法会导致

"赢家通吃"的局面。加入网络的人越多，关于他们个人和他们的购买偏好的信息就越多，人工智能就可以更准确地预测他们在购买过程中的每个阶段想要或需要什么。这种"飞轮"（flywheel）现象也被称为"网络效应"。

网络效应

如上所述，正向的网络效应会产生滚雪球效应，从而提升整体的效果。早在 DVD 盛行的年代，奈飞就通过邀请用户评论他们观看的电影实现了网络效应[34]。并且，它能够通过将评估和策划电影的责任转移到算法上，实现更强大的网络效应，该算法能够针对个人量身提供更深入、更准确的洞察。基于 1.92 亿用户数据和算法形成的洞察使该网络对观众价值巨大，同时也让奈飞的内容决策者看到原本看不清的用户偏好[35]。

如图 4-1 所示，随着更多消费者加入平台，网络对其消费者的价值也会增加。例如，脸书对一个人的价值会随着越来越多的朋友和家人的加入而增加。此外，随着越来越多的用户加入奈飞，奈飞对内容提供商的价值也会增加。随着越来越多内容提供商的加入，奈飞对其用户的价值增加，继而吸引更多新用户加入网络。随着越来越多用户的加入，该公司可以使用其网络上用户行为的数据来开发提供个性化的推荐算法。随着更多用户加入网络并使用其服务，这些算法的准确性以及网络对用户的价值都会增加。除了因用户数上升而实现的网络效应（如图 4-1 中较低的曲线所示），图 4-1 两条曲线中较高的曲线代表数据和算法带来的增量价值。

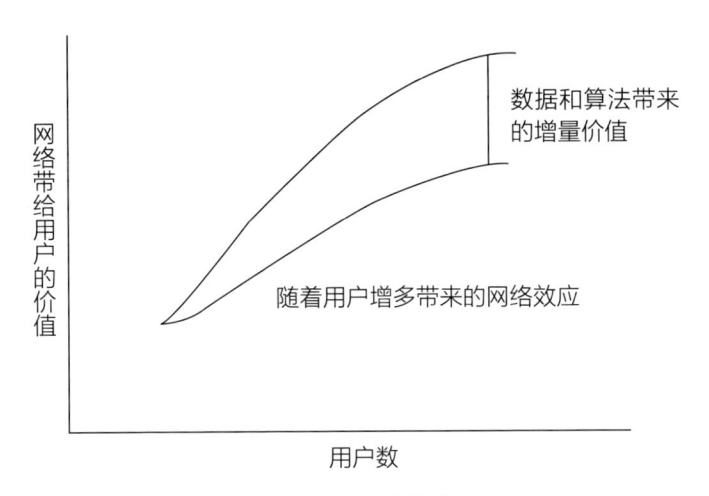

图 4-1 网络效应

现在，大家来看看网络效应在其他大型网络中的表现。

亚马逊：亚马逊强大的网络效应是宝洁和联合利华等大型节点被迫同时在其平台和当地杂货店销售产品的原因。亚马逊越来越多地成为人们购买商品的地方，使用亚马逊复购速易洁（Swiffer）或立顿汤（Lipton soup）品牌产品的人越多，这些产品收到的评论就越多，亚马逊为供应商和消费者提供的价值就越大。

脸书：正如在 19 世纪后期随着越来越多的人购买设备连接到贝尔的线路上，贝尔电话网络的价值越来越高一样，随着注册用户数量的增加，脸书网络的价值也呈指数级增长。

苹果（应用商店）：随着越来越多的人使用苹果手机，其自带程序发消息的功能越来越好用，应用程序的质量也得到改善，这样一来，设备和应用商店对用户、苹果和应用程序开发人员都更有价值。

谷歌（"油管"）：订阅者通过点赞和评论视频来创造网络效应，从而放大广告的效果，同时也优化了向他们推送视频的相关性。来自订阅者的信号也会影响依赖网络趋势的网络红人的发展，并且可能还会影响"油管"原创作品内容的选择。

爱得喜、时尚印记和"票务中心"等也是如此。使这些网络有价值的是通过它们进行买卖用户的数量。无法吸引足够多的用户来催化网络效应导致了许多网络的消亡，其中一些网络的名字你可能还记得，比如"谷歌+"（Google Plus），而另一些网络则不太为人所知。例如，赛德车（Sidecar）在优步和来福车之前率先推出了拼车模式，但它从未成为家喻户晓的名字。因为除了其他原因，它没有认识到建立司机和乘客双边对接平台的重要性[36]。

尽管构建网络的道路充满了险阻，但如果你是一个没有网络的节点，你将面临同样可怕的挑战，这些挑战可能已经超过了你投入的任何人力、物力。事实上，某网络的一位高管曾经告诉我们："做网络比做网络中的节点好。"这就是为什么你会看到一些节点退出它们的网络合作伙伴关系，拼命建立自己的网络。

媒体网络的挑战者

随着"迪士尼+"（Disney Plus）、美国全国广播公司（National Broadcasting Company，NBC）、美国电话电报公司（American Telephone & Telegraph，AT&T）和美国家庭电影台（Home Box Office，HBO）等多个竞争对手撤回他们在别人网络上的内容，转而在自己的媒体平台上播放，奈飞正在面临新的挑战。消费者愿意为不同的平台支付多少费用，他们会选择维护多少个平台，网络聚合器平台是否会横扫市场并创建各种一站式商店，这些仍然是悬而未决的问题[37]。

"迪士尼+"和其他媒体挑战者意识到，如果他们想要发展，他们需要像一个网络一样积累一手数据，并利用它通过个性化等方式为消费者提供价值。尽管奈飞从数十年来收集的消费者数据中获益，并且正在使用算法来继续撬动从这些数据中形成的洞察，但随着媒体网络之间竞争加剧，它必须努力保持这种竞争优势。迪士尼有能力、有文化和有品牌信任来提供卓越的客户体验，只有通过更好的一手用户数据才能增强这种体验。它迅速聚集了基础消费者数据：在不到 6 个月的时间内在十几个国家积累了近 6000 万用户。它的数据和算法已经开始提供个性化的用户体验，像奈飞一样为用户提供增值的服务[38]。

建立足够大的用户基数来获取所需的数据，并创建有效的算法，这也将是流媒体其他市场参与者面临的最大障碍。每个玩家都能在这个市场有生存的空间吗？时间会证明一切。同时，消费者会是这场注意力和钱包份额争夺战的主要受益者。

在积累足够大的用户基数之后，对一手数据的访问将决定胜负，无论它们是网络、节点还是介于两者之间的东西。面对这一情况，节点有三个选择：

（1）建立自己的网络（平台）。

- 沃尔玛通过收购捷特网平台加速增长，之后又收购了摩登穿搭网[39]和印度电子商务网站翻转购物车。沃尔玛还与独立站建站工具 Shopify 合作，让众多小企业能够在沃尔玛官网[40]上进行销售。

- 威瑞森传媒集团（Verizon Media Group）收购了以前独立的节点美国在线（American Online）、雅虎（Yahoo）、《赫芬顿邮报》（*The Huffington Post*）、科技博客（Tech Crunch）、瘾科技（Engadget）、体育选秀网（Rivals）、汽车博客（Auto Blog）和汤博乐（Tumblr），

并将它们整合到一个有 9 亿用户观看的网络中[41]。

（2）与网络合作。

- 惠而浦公司（Whirlpool）将"亚历克萨"语音系统（Alexa）嵌入其设备中，允许用户使用移动设备和谷歌智能助理或"亚历克萨"语音命令来远程监控和操作机器。例如，让"亚历克萨"在回家之前预热烤箱[42]。
- 塔吉特公司与"直面消费者"品牌合作。如精灵床垫（Casper），这是一家拥有超过 100 万快乐睡眠者和 50 万条五星级评价的床垫公司；哈利剃须是一家剃须设备和个人护理用品公司，拥有 200 多万回头客[43]；汪汪盲盒（BarkBox）是一项精心策划的订阅服务，每月向其 60 万名订阅者邮寄新的狗玩具、狗零食和其他产品[44]，以触达这些顾客。
- 餐厅正在与"食物中心"（Grub Hub）、"食物上门"（Door Dash）和优食（Uber Eats）等在线和移动预制食品订购和配送平台合作以推动销售[45]。
- 高端家具公司西榆树（West Elm）与"直面消费者"床垫品牌精灵床垫合作，购物者可以在购买前试用床垫，西榆树可以向精灵床垫客户推销其家具[46]。
- 李维斯（Levis）与缤趣（Pinterest）合作，让这家服装制造商向用户提供数字化的个性化风格建议和以视觉为中心的看板[47]。

（3）与另一个节点或研究伙伴合作[48]。

- 摩根大通是美国100多家银行和信用合作社之一，这些银行和信用合作社已同意让其客户通过个人对个人支付网络泽尔（Zelle）汇款[49]。
- 分子市场调研等市场情报研究合作伙伴可以创建消费者小组，他们愿意让用户访问其在线亚马逊账户，从而收集和处理他们的购买习惯和数据。这让品牌可以直接获取消费者数据，如果他们有足够多的消费者数据，就可以获取数据洞察[50]。

要了解从节点转移到网络的重要性，一个很好的例子是迪士尼。2017年8月，迪士尼首席执行官鲍勃·艾格（Bob Iger）宣布，该公司将从奈飞撤出其所有内容，并在其自己的流媒体服务"迪士尼+"上独家提供这些内容。"迪士尼+"将收录漫威、星球大战和皮克斯的内容，并将成为漫威所有超级英雄电影和星球大战电影的发源地[51]。美国全国广播公司财经频道（CNBC）的一份报告称，摩根大通预计"迪士尼+"将吸引来自全球各地的1.6亿订阅者，超越奈飞的1.39亿订阅者，截至2020年8月，"迪士尼+"已有6000万订阅者[52]。

迪士尼并不是个例。美国电话电报公司首席执行官兰德尔·斯蒂芬森（Randall Stephenson）于2019年5月证实，美国电话电报公司将从竞争对手流媒体服务公司奈飞和葫芦（Hulu）中撤出华纳传媒（Warner Media）拥有的内容，如《老友记》（*Friends*）和《急诊室的故事》（*ER*），并在其即将推出的流媒体服务中独家提供[53]。

迪士尼长期以来一直是作为一个节点运作，其商业模式涉及允许其内容在奈飞的专有技术平台上分发。问题是奈飞上的迪士尼内容改善了消费者与奈飞的客户关系，而不是与迪士尼的关系。迪士尼无法访问奈飞收集的观看迪士尼内容的用户的大量数据。建立自己的网络将使迪士尼能够获得数据，使其能够在没有奈飞作为中间人的情况下实现增长。分析人士认为，一手数据和经过验证的与用户建立情感联系的能力将为"迪士尼+"带来巨大的成功机会。

迪士尼也明白，它需要尽一切可能尽快收集尽可能多的数据。因此它将低成本提供其"迪士尼+"平台：每月7美元，而奈飞是13美元；它还与威瑞森通信公司合作，为所有威瑞森无线（Verizon Wireless）新装光纤服务（Fios）的家庭互联网用户和新的5G家庭互联网客户，免费提供一年的"迪士尼+"。这将确保"迪士尼+"在推出时就拥有众多用户[54]。它也已经像一个网络一样，愿意在一段时间内亏损，直到获得足够大的用户群体实现快速发展。

然而，"迪士尼+"要想取得成功，必须做的不仅仅是投资内容，还必须使用机器学习分析数据来确定受众的个人偏好。以奈飞的热门影片为例，《蒙上你的眼》（Bird Box）[55]、《橙色是新的黑色》（Orange Is the New Black）、《黑镜》（Black Mirror）、《致所有我曾爱过的男孩》（To All the Boys I've Loved Before）都是根据数据分析结果推向市场的。在2018年12月石板网（Slate）一篇题为"《蒙上你的眼》是奈飞数据驱动内容算法的胜利"（Bird Box Is a Triumph of Netflix's Data-Driven Content Machine）的文章中，作者阿贾·霍加特（Aja Hoggatt）说："《蒙上你的眼》可能不是一部完美的电影，但它之所以有效，是因为它跳出了传统智慧的框架，靠用户自己的数据向他们传递了他们要什么[56]。"

随着奈飞收集更多的数据并部署协同过滤算法，提供更多的推荐，它为用户提供的价值呈指数级增长。这与网络效应一致。这些算法利用其他用户的信息，为不同的独立个体提供更好的推荐。因此，随着更多用户加入网络，单个客户的利益也会增加。提供内容的节点的利益也会随着更多用户加入并留在网络上而增加。这就是为什么奈飞和其他部署由数据和算法驱动的产品、服务或体验的网络能做到"赢家通吃"，以及为什么现在不启动网络化的节点想在未来迎头赶上会更难。

网络［如亚马逊智能语音助手"亚历克萨"、谷歌、苹果智能语音助手"希瑞"（Siri）］在不断地分析该向用户展示哪些节点（如汰渍、奥利奥、潘婷）。该网络将使用数据来预测哪个节点的产品与消费者的关系最密切。而这也将是人工智能助手向用户推荐的内容，比如，食品储藏室储备些什么、化妆品买哪种，或者帮消费者确定选择哪种汽车上路。

这意味着，对单个节点威胁最大的会是那些已经认识到人工智能潜力并积极投资于信息技术和数据科学资源的节点。这些节点通过投资让自己成为消费者和网络的首选。即便你只是一个与其他节点竞争的节点，为了生存，你仍然需要一个以客户为中心的战略计划——找到如何在客户关系中的每一刻为每一位客户提供独特的购买体验，并大规模地实施。唯一可行的方法是收集大量的一手消费者数据，并使用人工智能和机器学习对这些数据进行处理。好消息是，你不必改变自己已经在做的事情的本质，即通过建立客户关系、提供出色的品牌体验来增加收入。然而，如果你想生存，你将不得不改变自己做事的方式。

在下一章中，我们将介绍客户关系时刻的心智模型，它由四个不同的客户关系时刻组成：获取、留存、增长和推荐。我们相信，这四个时刻是节点在实现直接与消费者连接，做到一对一个性化体验的关键点。这种一对一的体验也是网络不断引导消费者形成的期待。

总结

- 网络是一种专有技术平台，能够在交互式生态系统中连接人、组织和资源，在这样一个互动的生态系统中可以创造和交换大量价值，并且可以收集有关消费者的一手数据。
- 网络通过向消费者提供产品或服务收取费用，或者围绕这些产品收集和处理数据，以便更多地了解每个消费者，从而不断优化他们的体验。
- 节点是构成网络最基础的原子级要素。
- 独立的节点是在与网络进行竞争。这些网络建立在由人工智能和机器学习赋能的平台之上，借助机器的预测，它们能够编制出现阶段能提供给消费者的选项，并在最合适的客户关系时刻将这些选项展现出来。
- 网络的竞争优势在于能够使用一手客户数据来训练人工智能算法，为客户提供个性化的体验。客户与网络互动越多，算法为客户提供的价值则越大。
- 有几种不同类型的网络：媒体网络、交易市场网络、独立网络和混合网络，就先举这几例，它们的共同点是能为客户直接提供价值。
- 如果你有一家生产和销售产品［如烘焙食品或卡特彼勒（Caterpillar）拖拉机］的公司，你很可能通过第三方网络或与第三方网络合作来销售产品，那么公司就是一个节点。
- 如果你的公司是一个节点，你有三种选择：建立自己的网络；与网络合作；与另一个节点或研究伙伴合作共同开发市场，实现对等的竞争。
- 随着其他客户加入网络，网络对单个客户的好处会增加，而在网络上供应产品的节点也会因此受益，它们的数量也会随着更多客户加入并留在网络上而增加。

关键问题

（1）如果你的公司目前是通过中介进行销售的节点，考虑到你当前的业务模式，关于直接接触消费者，以下三种策略中的哪一种最值得去做：建立自己的网络；与网络合作；与另一个节点或研究伙伴合作共同开发市场，实现对等的竞争。

（2）你目前采取了哪些措施来持续地获取一手消费者数据，然后在客户与你的品牌接触的关键时刻，用这些数据让他们有个性化的体验？

第 5 章
客户关系时刻的心智模型

人工智能彻底翻转消费者购买旅程。基于大量数据能创建超级个性化的推荐，这意味着每个消费者都有一个根据他们的需要、知识水平和偏好量身定制的旅程。

——尼克·爱德华（Nick Edouard）

路径工场[1]（Path Factory）联合创始人兼首席产品官

假设你家附近有一家你喜欢的夫妻早餐店。你每周六都去那里，你最喜欢的服务员会向你招手，连问都不需要问，就会送来你常喝的咖啡、四个奶精和两小包黄色咖啡糖。然后，餐厅老板也会过来问候你的家人和孩子。店员都知道你孩子们的名字和生活状态：一个准备大学毕业，另一个刚订婚。

服务员回到餐桌前，询问你是否想要点和"平时一样的"，但你告诉他们你有一些健康问题，因此某道菜会有忌口，不能添加某些配料，他们会很乐意地在他们的绿色小记事本上写下来。上菜时，饭菜都是热腾腾的，一切都很称心，餐厅老板走过来为你的咖啡续杯。服务员将小票连同一小杯可外带的脱脂酸奶一起递给你，让你带回家尝尝。酸奶是医生建议你尝试的。餐厅人员是怎么知道的？

作为营销负责人，你就是餐厅老板。你知道，要琢磨老用户的需求并完美地满足他们，有时候甚至在他们自己意识到想要什么之前就满足他们，这是确保他们永远都不会想着跑去其他地方吃饭的关键。但是问题在于，在繁忙的周日早餐时间，如果你要服务的不是数百个用户，而是数万个，你几乎不可能提供一对一个性化的特色服务。为了取得成功，你需要一种方法来规模化自己提供一对一个性化体验的能力，这时人工智能和机器学习就有了用武之地。这项技术有优化每个用户关键时刻的能力。但是，要执行此操作，你需要一个框架：考虑你（你的品牌）和你的用户之间发生的每个关键客户关系时刻。

我们开发的框架是基于客户关系时刻的"心智模型"，这是一种广为人知的客户决策旅程通用模型[2]。不少学术和业界的文献都表示客户关系由四个不同的步骤组成：获取、留存、增长和推荐。我们之所以选择此模型，是因为作为营销者的你可能已经熟悉它并且可能已经使用过，或者正在以某种方式使用它。注意：这不是唯一可行的客户关系模型。基于你自己的研究和对买家的访谈，你可能拥有自己的模型。没关系。不管使用何种客户关系模型，其目标是相同的，即看看如何使用人工智能来增强专有客户关系模型的每个阶段。

大家来更深入地看一下每个客户关系时刻：

- 获取：用户会遇到引起他们注意或提高他们对品牌认知的广告或营销活动。在用户通过搜索或在社交媒体上了解了更多有关品牌的信息时，他们又注意到了该品牌。这也被谷歌称为"零关键时刻"（zero moment of truth，ZMOT）。比如，一个用户在电视上观看广告后，想在服装电商平台修补网（Stitch Fix）进行订阅：先在谷歌上搜索该公司，点击自然搜索下的链接，然后在修补网官网上填写个性化的时尚造型问卷。

- 留存:"客户留存"这个阶段从"货架"或销售点开始。用户在线或在店内看到产品并决定购买。请注意,留存的反面是流失,当用户决定放弃购买时,就会发生这种情况。以美元剃须俱乐部为例,它们通过个性化的电子邮件和产品体验与用户建立牢固的关系,保障用户继续订阅,提升留存率。

- 增长:随着客户关系的发展,购买新产品或升级服务水平就会深化客户关系。比如,医疗设备公司在体验微软云平台(Microsoft Azure platform)提供的个性化服务和使用报告后,将微软云分析服务添加到其现有的云服务合同中。

- 推荐:一旦购买了产品或服务,用户就会体验到产品,然后与他人分享有关产品的信息。实际上,用户变成了品牌的拥护者。比如,一位希尔顿白金客户在使用希尔顿荣誉客会积分与家人住在伦敦圣詹姆斯康莱德酒店(Conrad London St. James)后,在猫途鹰(Tripadvisor)上写了一篇热情洋溢的评论。

在整个关系中,用户与品牌以及其他用户互动,在此过程中创造了几个相互关联的关系时刻。例如,伦敦圣詹姆斯康莱德酒店的体验改善了用户与希尔顿品牌的关系,从而提高了留存率,同时也将用户变成了希尔顿品牌的推荐者。或者,美元剃须俱乐部向其用户发送的电子邮件可以根据用户的历史购买记录进行个性化设置。除了购买剃须刀,如果用户还在其网站上浏览了须后水,一系列用于用户留存的电子邮件也可用于交叉销售须后水,帮助用户轻松了解更多他可能喜欢的产品,从而实现销售额的增长。

4 个客户关系时刻在图 5-1 中以连续圆圈的形式表示。我们使用双向箭头表示用户会流失，但也能在任何一个关系时刻中让他们回头。当数据和算法成为该模型的核心，每一个品牌与公司之间的个性化互动时刻就成为人工智能客户关系时刻。注意：传统的关系心智模型的内核中没有数据和算法，并且使用一刀切的方法来开发每个关系时刻。根据以往的经验，只要你在这些时刻中投入时间、精力和资源来优化客户关系时刻，你就会成功。

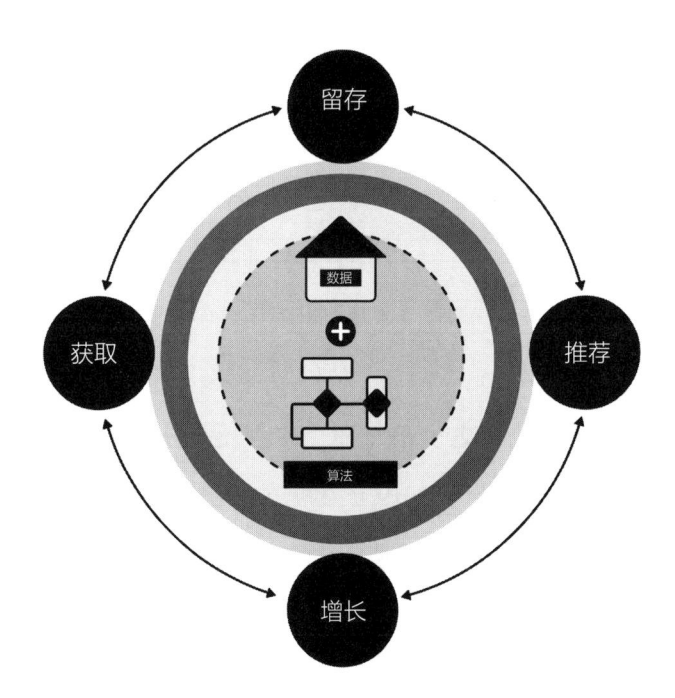

图 5-1　客户关系的四大关键时刻

但是，今非昔比。原因如下：

如果没有人工智能和机器学习或深度学习的帮助，现在有三股力量使得客户关系管理即便不是不能做好，也是难度越来越高：技术进步、用户连接和信息冗余。

三股力量

（1）技术正在以光速进步。例如，我们在访问旧金山的一家移动广告代理商时，他们向我们展示了网络是如何把广告插入手机游戏中的。我们发现用于实现这一目标的数据科学非常复杂。值得注意的是，识别正确的广告和瞄准目标用户的整个过程都是在机器上自动运行的，人工干预很少。

（2）用户在各种各样的技术平台［如脸书、缤趣、"油管"、推趣、抖音国际版、"阅后即焚"（Snapchat）等］上以不同的方式进行连接。要跨渠道有效管理如此大体量和复杂的数据，实现个性化的客户触达是不可能的。此外，曾经主要以市场交易为基础的网络现在正在努力添加社交的属性（如亚马逊），而那些最初作为纯社交功能的网络现在正在进入交易市场（如脸书）。所有这些平台都增加了用户相互连接的渠道。

（3）技术进步和大量的用户连接产生的信息造成了信息冗余，导致消费者体验到了认知过载，这就限制了他们做出购买决策的能力。

图5-2是一张相当著名的信息图，它由社交媒体专家洛瑞·刘易斯（Lori Lewis）创建。它描绘了2019年互联网1分钟内发生的事情，这是技术进步、用户连接和信息冗余三股力量都在发挥作用的完美例子。这直观地证明了品牌在客户关系的每一个重要关头都必须找到一种方法，通过提供高度相关的一对一个性化服务来与消费者建立关系。这张图只反映了互联网1分钟内发生的事情[3]。因此，想象一下你需要查看多少个人资料，需要阅读多少帖子以及需要筛选和分析多少照片才能形成合理的预测，通过个性化的信息来锁定目标消费者。你我可以达成的共识是：如果没有一个强大的可以加快这个分析进程的机器的帮助，这就是一项不可能完成的任务。

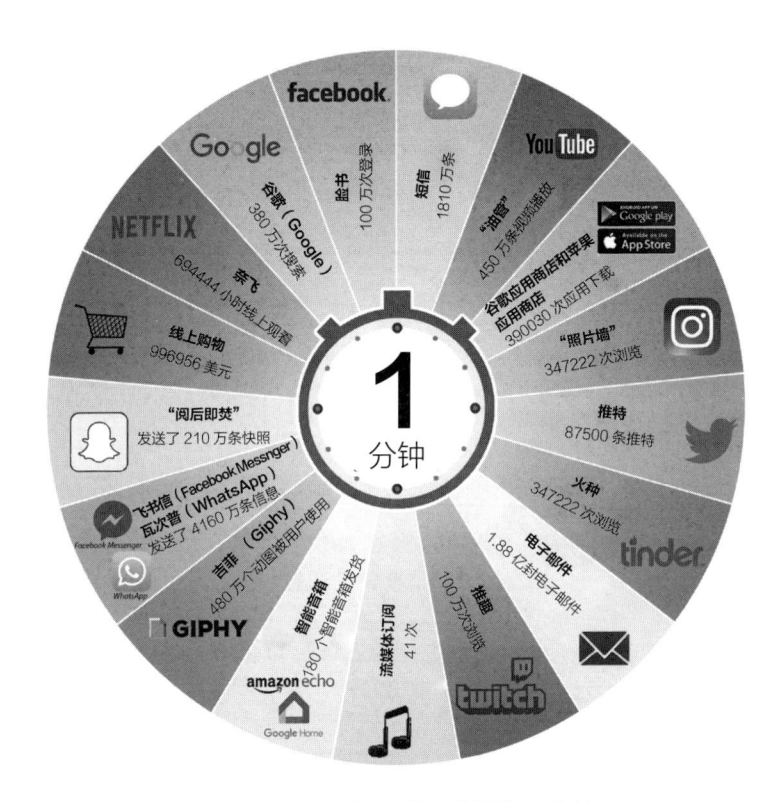

图 5-2 2019 年互联网世界的 1 分钟
资料来源：洛瑞·刘易斯供图。

为了了解我们从哪儿来、往哪儿去，看看 1941—2021 年消费者信息处理演变的历史是很有用的。这种演变可以分为三波不同的"浪潮"。

消费者信息处理的三波浪潮

消费者信息处理的三波浪潮——大众营销和细分营销、数据驱动营销和个性化营销（见图 5-3），构成了一条营销"弧线"，反映了在不同时间节点的当下可用的数据和技术水平。注意：这些浪潮实际上并未结束。一种策略在某个时期会达到鼎盛时期，接着就会出现一些更新的策略。

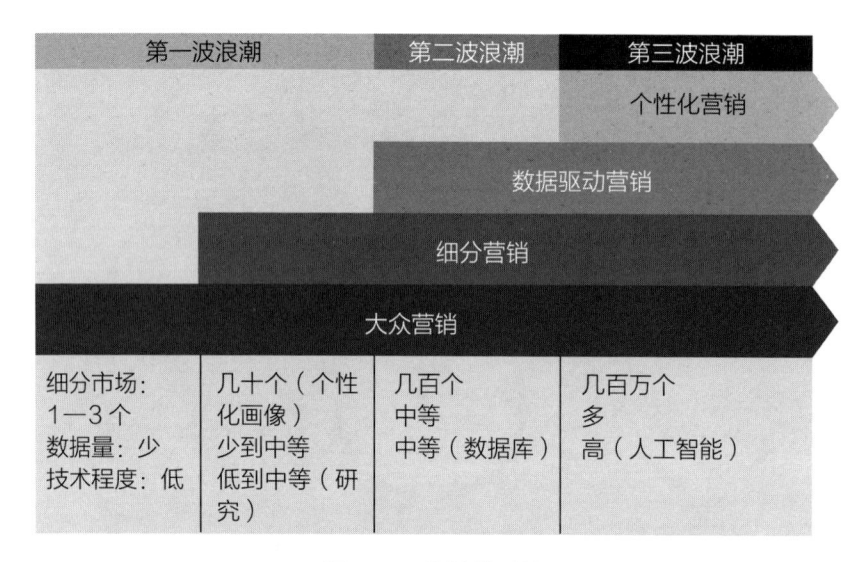

	第一波浪潮	第二波浪潮	第三波浪潮
			个性化营销
		数据驱动营销	
	细分营销		
大众营销			
细分市场：1—3个 数据量：少 技术程度：低	几十个（个性化画像） 少到中等 低到中等（研究）	几百个 中等 中等（数据库）	几百万个 多 高（人工智能）

图 5-3　营销的弧线

营销弧线的第一波浪潮

大众营销（1940—1960 年）：用户的获取和留存主要是通过大众广告和公众人物代言实现。例如，爸爸看到杂志广告时，可能"再看了一遍"，促使他产生"购买工匠牌（Craftsman）产品并成为一名工匠"（buy a Craftsman and be one）的想法后，他就去西尔斯商店买了工匠牌变速电钻[4]。或者，妈妈可能因为女演员贝蒂·戴维斯（Bette Davis）的代言"吸引大众的魅力之一就是她美丽的头发"（whose beautiful hair is part of the charm that enchants millions）[5]，购买了一罐亮彩洗发水（Lustre Cream Shampoo）。

细分营销（1960—2000 年）：1960 年之后，广告商更多地将目标定位于主要受众之外，考虑优先级排在第二、第三位的受众。

那时主要通过产品目录销售服装的明镜公司（Spiegel）就是一个很好的例子。20 世纪 70 年代，当它的市场份额开始被西尔斯和蒙哥马利·沃德百货公司（Montgomery Ward）抢占时，明镜开始瞄准年轻的、受过良好教育的顾客（主要是女性），来自她们的成交额高于其他顾客。在这个时期，明镜将目标女性客户从"入门"（starting out）到"成熟"（mature）的生活方式分成了六类。这使得明镜能够测试产品和报价，并创建最能与每个类别产生共鸣的产品目录版本。它也是最早将大码女装放在目录封面上的品牌之一（1991年）[6]。

除了对沟通方式和对象进行细分，营销者还会对他们的产品进行细分，通常会使用"好—更好—最好"（good-better-best）的方法。细分产品营销的一个例子是百得（Black and Decker），该品牌为承包商单独创造了一款高端工具品牌得伟（Dewalt），因为百得了解到承包商和专业服务商不希望被看到与那些在周末自己动手的房主使用一样的工具。这款专业的高端工具系列取得了巨大的成功，实际上它最终比百得其他品牌都卖得更好[7]。

营销弧线的第二波浪潮

数据驱动的营销（2000年后）：万维网和数字营销的出现使营销者能够使用更多的数据，并从几个细分市场发展到数百个细分市场。在这波浪潮的早期，比如，你对有线电视网络旅游频道主持人萨曼莎·布朗（Samantha Brown）的巴黎之旅很感兴趣，联系了你的旅行社做预订，因为你认为萨曼莎是值得信赖的旅行顾问。你也可能在旅游频道上看过她的节目，并使用谷歌查找航班和酒店信息。为了降低旅行成本，你可能访问了一个名为价目表（Priceline）的网站，使用它搜索巴黎的酒店，按价格和街区排序，然后花时间分析结果。

2020年，在谷歌上搜索"巴黎"（Paris）会出现惊人的41亿条结果，搜索"巴黎旅游"（Paris travel）会出现100万条结果。

在价目表上搜索"巴黎酒店"会出现 2698 条结果，但使用其配置将搜索范围缩小为"埃菲尔铁塔"（Eiffel Tower）会使搜索结果降至 135 条。如果你确定想要预订埃菲尔铁塔附近的酒店，并想花时间评估所有 135 条结果，这是可行的。

顺便说一句，金融服务行业的许多人都是数据驱动营销的早期使用者，因为收集消费者数据并做出关于信用价值和其他事情的决策早已融入他们的商业模式。要了解他们今天如何使用这些数据来定位用户，你只需翻一下每天塞满你电子邮箱的信用卡申请、借记卡和投资开户的推广内容。

营销弧线的第三波浪潮

个性化营销（现在和未来）：回到你计划的巴黎之旅，你可能已经在"油管"上观看了几个关于巴黎的视频，获得了一些"内幕消息"。你也是今夜酒店网（Hotel Tonight）的订阅者，在该网站上花时间填写了个人资料。当你搜索"巴黎，埃菲尔铁塔"时，系统会根据你的喜好提供 10—15 个精确规划的结果。当你告诉它自己是否喜欢这个巴黎之旅的搜寻结果时，你也帮助"训练"了系统，规划结果会越来越精确。关键是，今夜酒店网没有给你 100 万个选项，甚至连 135 个都没有。它将算法应用于你提供的信息，并提供最符合你标准的 5—6 个选项。今夜酒店网提供的所有选项和信息都是基于你的个人资料，通过机器学习，专门为你规划的个性化结果。

你从摩根大通收到了一封邮件？应该不是文案员人工撰写的。相反，它很可能是由一台机器生成的。根据它对你的了解，预测了你需要或者想要从金融机构得到什么（我们将在第 9 章讨论摩根大通是如何做到这一点的）。

人工智能和机器学习算法能够管理节点（品牌）营销者向客户推送的信息，这些算法能够将冗余的信息转化为精准匹配的内容。它也让你能利用所有三股力量来实现一定程度的个性化，从而培养亲密感和忠诚度。

如何应对当前的消费者信息处理浪潮，面对众多细分市场和高水平的数据和技术（人工智能），并管理三股力量（技术进步、用户连接和信息冗余），将决定你是否能成功增强客户关系时刻（获取、留存、增长和推荐）。将这些时刻转变为人工智能客户关系时刻，能让你赢得一切。正如恒信（Evergage，赛富时收购的一家公司）首席执行官卡尔·沃斯（Karl Wirth）在他 2019 年为创业家网撰写的文章中所说的那样，"当公司在客户关系的每一刻都把客户作为一个个活生生的人去理解，判断什么对他们来说是最好的体验并做出关切的回应时，就会产生良好的个性化体验[8]"。

那么传统的客户关系时刻和人工智能客户关系时刻之间究竟有什么区别呢？让我们来看看这两种时刻下的用户体验，作为示例，我们将两家公司一系列潜在客户体验进行比较，一个是虚构的健身俱乐部，名为蜜桃健身俱乐部（Peach Athletic Club，PAC）；另一个是健身器材和媒体公司佩洛顿。

传统的客户关系时刻对比人工智能时刻

假设你的新年计划是减肥（刺激）。这次你超级认真，所以对私教特别感兴趣。你在电视上看到当地蜜桃健身俱乐部的广告，并上网搜索相关评论，发现它有几个会员级别：蓝色、银色和金色。你很感兴趣，开车来到当地的蜜桃健身俱乐部，路上大约花费了 10 分钟。你花了 15 分钟等销售人员给你做介绍。销售人员带你参观俱乐部，向你介绍俱乐部所有的功能和优势以及即将结束的会员特惠。为了使交易更顺利,销售人员为你提供了俱乐部私人教练的一些免费课程。这些都是有神奇力量的话术。你也因此注册了会员(获取)。几次健身训练后(留存),你知道自己喜欢(或者不喜欢)这个俱乐部,于是上网撰写评论(推荐)来为其他人节省一些时间。尽管收费很贵,你还是决定继续进行私教训练,并将俱乐部会员资格扩充为家庭计划,包括你的配偶和孩子(增长)。之后,你在一个新城市找到了一份新工作,因此你在网站上寻找取消会员资格的方法,但是你根本找不到这个选项。你打电话给该俱乐部,却被告知你不仅需要提前30天通知,而且必须到该俱乐部签署文件才能取消会员资格。

这些是在第二波营销浪潮中真实存在于传统客户关系中的时刻。现在让我们看看人工智能时刻是什么样的。

现在是1月1日,你决心今年减肥(刺激)。你已经在电视上看到了一些关于当地健身俱乐部的广告,也看过佩洛顿的户外广告,因此你知道这两种选择都可行,但没有一个品牌会作为解决方案立即出现在脑海中。你上网搜索"43岁男性的健身计划"。搜索引擎使用算法向你展示佩洛顿的广告。该个性化的广告是根据你的偏好(跑步或骑自行车)通过程序算法做出的预测,该程序可以识别你在脸书个人资料和其他在线社交媒体个人资料(如缤趣)中发布和浏览的图片。

你点击广告,它会将你带到一个动态生成的登录页面,该页面与后台算法对你的了解保持一致。除其他必要信息外,它还包含了根据你的生活方式做出的规划及针对你的需求做出的详细反馈和个性化的日程安排。算法为你生成的内容达到了它的目标,因为现在你对这些可能性感到好奇和兴奋。根据你居住的地点,你可以步行到当地的佩洛顿工作室,购买佩洛顿自行车。或者你可以下载佩洛顿应用程序,在算法基于你最初的选择为你定制的配乐中，尝试个性化的健身和健康安排（获取）。

浏览该应用程序后，你会发现它不仅可以让你与他人联系，还可以将你与特定的教练（现场或虚拟形象）联系起来，教练会根据你的优势和兴趣为你提供个性化的日常活动建议。这些数据会被循环回算法中，这不仅可以给你提供更合适的建议，还可以帮助到像你这样的其他用户（留存）。无论是否满意，你都可以在线撰写关于佩洛顿及其工作室的评论，跟与你一起训练的其他人进行联系（推荐）。基于客户获取时刻收集的数据，算法获得用于优化预测结果的反馈信息。在这个过程中，你可能决定购买佩洛顿自行车或订阅另一个由人工智能算法推荐的活动（增长）。

这是一个基于佩洛顿的经验和研究的虚构故事，旨在展示人工智能影响整个客户旅程的潜力。接下来是佩洛顿如何使用人工智能来发展其业务的真实示例。

佩洛顿多年来一直在投放脸书广告，从泛泛地定位到用类似广告的对照测试来精准挖掘目标用户。即便如此，它希望增长得更快，因此聘请了广告技术公司闪电智能（Lightning AI）来帮助加快这一进程[9]。闪电智能的算法能识别出极有可能购买佩洛顿自行车的客户群体（获取）。在两周内，它们对脸书上超过 500 个拥有不同兴趣和行为特征的目标群体进行了测试。在两个月内测试了超过 1000 种组合。此外，闪电智能主导了新款佩洛顿自行车在脸书上针对潜在目标客户的推广活动，推动了来自潜在客户中总体 26% 的购买量（增长）。闪电智能的算法不但实现了算法的规模化复制，也发现了比脸书提供的广泛或相似受众表现得更好的新的受众群体。

佩洛顿还通过超级高保真公司（Super Hi-Fi）的技术在其声音设计中添加了人工智能。佩洛顿表示："通过此次合作，佩洛顿成为第一个也是世界上唯一一个利用人工智能实现智能音频体验的健身服务公司。佩洛顿的会员将从一开始便体验到由人工智能赋能的强大工具。这些工具由能识别音乐细微差别的技术提供支持，其技术深度能让它的表现类似于人类打碟师（DJ）[10]。"佩洛顿只是众多收集数据的健身品牌之一。比如，被谷歌（网络）收购的可穿戴设备生产商菲比（Fitbit，节点）。所有这些品牌都收集了大量数据，下一步顺理成章的就是关注第三波浪潮：个性化营销。

那么，所有这些佩洛顿人工智能时刻将走向何方？一方面，作为用户，你很高兴从健身教练那里获得服务，如果不用佩洛顿，就只能考虑市场上价格昂贵的健身私教。另一方面，系统的反馈、个性化的音乐以及与其他骑手的联系使你更多地使用该产品（留存、增长、推荐）。这两件事，尤其是健身领域，在告诉佩洛顿，用户正因此变得更好，感觉更好，并且更有可能再次使用该产品。随着时间的推移，作为消费者，这会增加产品对你的价值（留存），并使你更有可能将这一体验告诉他人（推荐）。与此同时，佩洛顿也在了解你和其他像你一样的人，并使用这些信息在正确的时间开发和推销正确的产品。

由于人工智能和机器学习的进步，这些全新的人工智能时刻是新的个性化方式，用户将在这个过程中体验客户关系的所有时刻（获取、留存、增长和推荐）。怎么强调这三股力量和当前（第三波）浪潮的长期影响都不为过。如果你是一个"蜜桃运动俱乐部"，仍在使用第二波策略向消费者推销，却没有转向第三波个性化方法的路线图，那么想想自动安排旅行的聊天机器人技术和人工智能驱动的电子邮件营销。从长远来看，你将无法与佩洛顿或其他任何人工智能和数据驱动所能提供的丰富体验相抗衡。

另一种思考人工智能和机器学习如何增强你客户关系时刻的方法是通过"购买路径"的视角来判断。图5-4描绘了三位用户的购买路径和相应的选择以及品牌基于消费者洞察可以与用户进行的个性化互动。让我们使用虚构的品牌和零售商来分别讲解每条路径（但是，如果你销售的是电子产品，我们希望你也能从中得到启发）。

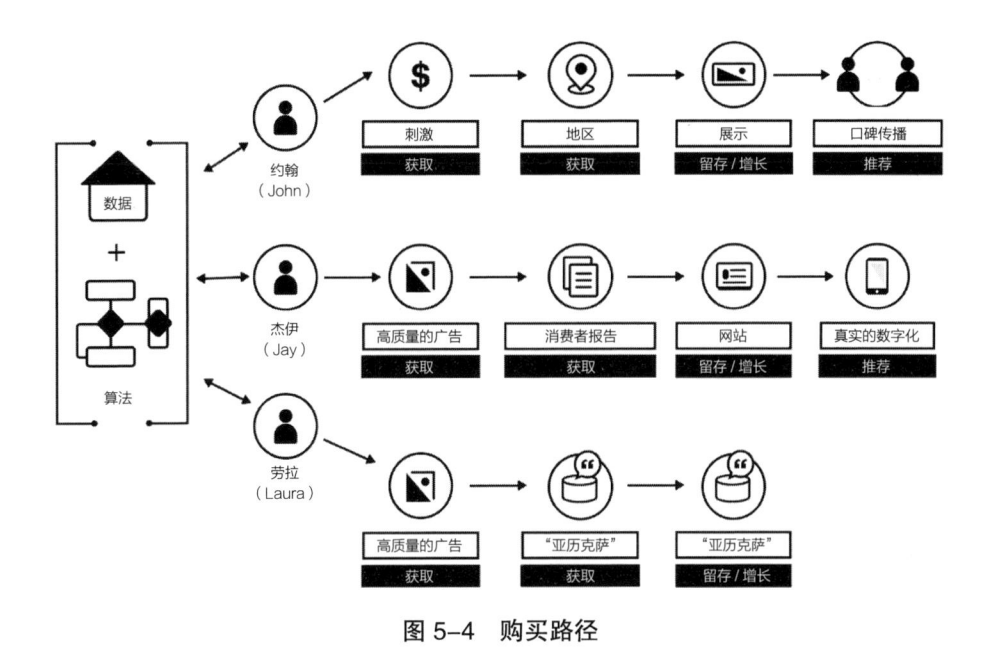

图 5-4　购买路径

约翰的购买途径

周六在美国娱乐与体育节日电视网上观看大学橄榄球比赛时，约翰看到了一个"新潮"（Fab）品牌发光二极管（LED）电视的广告，该广告正在宣传节日期间的优惠价格（刺激/获取）。约翰使用他的苹果平板电脑访问新潮官网了解有关该产品的更多信息。该网站使用他访问网站的位置信息突出显示了最近的第一购物商店（Primo Purchase），约翰可以在那里查看新潮电视的优惠价格（位置/获取）。

约翰因为网站展示的个性化信息去第一购物商店查看电视的画质。他喜欢这个产品，也很想购买，但不想排队等待来完成交易。另外，他也必须弄清楚如何将电视的大盒子装进他的小车。他在手机上拍摄了新潮电视的照片，谷歌镜头功能会自动提供指向新潮电视广告的链接，该广告会突出显示在线购买、免费送货，也会显示"直接从新潮公司购买的所有音响系统可享受10%的折扣"。约翰点击了这个展示广告，并从品牌的落地页购买了电视和音响系统，该页面就是为约翰点击而自动生成的。他现在已经从获取阶段进入了留存/增长阶段。

一个月过去了，约翰非常喜欢新买的电视和音响系统，并决定在新潮的官网上为该产品撰写评论。当他这样做时，他会进入客户关系的推荐阶段。

杰伊的购买路径

在去地铁的路上，杰伊注意到数字显示屏上的广告在宣传新的斯维尔（Swell）笔记本电脑。在火车上，他登录了消费者报告网站，他信任该网站的评论。他找出了斯维尔品牌的报告，并对产品功能和性能评级（获取）印象深刻。他访问斯维尔官网，阅读消费者评论，然后于第二天购买了一台顶级配置的电脑，并享受了送货上门服务。在这个过程中，杰伊从获取时刻进入留存时刻。

在收到笔记本电脑后，杰伊还发现了斯维尔便携式打印机的价格有九折优惠。他通过查看消费者报告来确认该款打印机的性能，并对产品评论印象深刻，他填写了登录页面上的表格，并购买了斯维尔打印机。该页面要求提供更多信息，并邀请他从苹果商店下载一个应用程序，该应用程序提供详细的设置视频教程、易于搜索的手册以及指向杰伊可以购买的配件和相关产品的精选目录链接。这就到了增长时刻。

让杰伊感到惊喜不已的是，斯维尔通过聊天机器人直观地提供了端到端的客户支持和关怀服务（留存）。杰伊在"照片墙"上发布了一张新笔记本电脑和打印机的照片，向他的追随者推荐该品牌，并添加了标签"# 斯维尔笔记本"（#SwellLaptop）和"# 斯维尔打印机"（#SwellPrinter），这是用户推荐时刻的核心动作。

劳拉的购买路径

劳拉一边在厨房的餐桌前喝咖啡，一边翻阅最新一期的《父母》（*Parents*）杂志，她注意到一则婴儿洗发水广告，是她挺喜欢的一个品牌贝比（Baybee）出的。这是一种存在于获取时刻的刺激。想起她家的洗发水快用完了，她说："'亚历克萨'，订购一瓶贝比洗发水。""亚历克萨"回复说它找到了两种尺寸，询问劳拉更喜欢哪一种。劳拉选择了较小的瓶子。尽管小瓶更贵，但当她双手都在用来给年幼的女儿洗澡时，小瓶更好用。"亚历克萨"使用劳拉在亚马逊存档的信用卡下单。"亚历克萨"随后问劳拉是否准备好重新订购婴儿乳液和婴儿湿巾，劳拉说"是的"。这就是增长时刻。"亚历克萨"还询问劳拉是否愿意订阅自动接收洗发水、乳液和婴儿湿巾，然后指导她完成订阅过程，即留存时刻。

需要明确的是，人工智能时刻不会取代客户关系时刻。相反，它们以特定方式影响用户每一刻的体验。这对营销者来说非常重要，因为这意味着如果竞争对手充分利用人工智能来增强其客户关系时刻而你没有，那么你就落后了。

在我们开始 AI 营销画布五步法之前，让我们休息一下，了解一下我们所说的"人工智能"和"机器学习"的含义。我们为你提供了一些你真正需要了解的计算机科学的基本概念。放松、呼吸，不要害怕——我们保证不会讲太多的技术细节。加油！

总结

- 我们使用的客户关系心智模型有4个步骤：获取、留存、增长和推荐。但是，你可以将它们换成自己已经在使用的任何心智模型，它仍适用。
- 如果没有人工智能和机器学习的帮助，技术进步、用户连接和信息冗余三股力量会使得客户关系难以驾驭。
- 人工智能和机器学习提供了节点（品牌）营销者可以用来管理用户收到信息的算法，化腐朽为神奇，并让你利用所有三股力量来实现一定程度的个性化，从而培养亲密感和忠诚度。
- 消费者信息处理经历了三个不同的浪潮，这些浪潮反映了不同时期在发挥作用的技术水平。第一波浪潮是大众营销和细分营销，第二波浪潮是数据驱动的营销，第三波浪潮是个性化营销。
- 营销者如何应对当前的消费者信息处理的浪潮并管理这三股力量，将决定他们能否创造出赢得市场竞争所需的人工智能时刻。
- 由于人工智能和机器学习的进步，人工智能时刻是一种新的个性化方式，它涉及客户能体验到的所有时刻（获取、留存、增长和推荐）。

> **关键问题**
>
> （1）你能够识别和跟踪哪些客户关系时刻（获取、留存、增长和推荐）？
>
> （2）你的客户何时会体验到信息冗余，人工智能如何帮助你通过规划产品或服务来改善用户体验？

第 6 章
什么是人工智能和机器学习

我希望你能成为聪明的技术分析消费者。

——拉吉·文卡特桑（Raj Venkatesan）对学生的建议

人工智能是机器以"智能"方式完成任务的能力，其中，机器是一个高性能的计算机系统，具备快速准确地处理大量数据的能力。人工智能是一个广义的术语，有几个不同的维度：基于规则的专家系统、机器人技术、自然语言处理、视觉、语音和机器学习等。尽管人工智能的这些维度是不同的，但今天它们都在协同工作去实现特定的结果。想想 IBM 公司超级电脑"沃森"（Watson）在美国著名的智力问答节目《危险边缘》（Jeopardy）中击败顶级冠军的能力！我们稍后将更详细地讲述这个例子。

如本章的标题所示，我们将主要通过机器学习的视角来看人工智能。因为你能抓到的大多数营销机会很可能会在人工智能的机器学习层面来实现。

你在阅读本书之前，可能已经阅读了很多关于人工智能的文章。你可能还注意到，并非每个人都以完全相同的方式谈论人工智能。在本章中，我们旨在阐明这些关键技术的概念，并提供对你理解人工智能和机器学习的能力和潜力所需的最关键的词语。别担心，我们不会试图把你变成计算机科学家。我们只想提供让你与数据科学团队进行有效沟通、让你成为聪明的技术分析消费者所需的工具，以便你可以将人工智能和机器学习投入使用，增强客户旅程的每个关键时刻。

除了其他信息，本章最重要的内容总结成一句话就是：在营销方面，人工智能等于预测。这意味着预测可以让你更自信地回答诸如"谁是最佳的目标客户""给他们的信息应该是什么""我们应该把这条信息放在哪里以获得最佳效果"之类的问题。你已经在使用人工完成所有这些操作。我们的目标是使用人工智能和机器学习来更好更快地完成这一切，这样你就可以改善结果并创造竞争优势！

注意：我们已经根据实际需求的相关性以及与数千名营销经理合作的经验，对要包含和省略哪些信息、要讲多深做出了一些战略性的选择。即便如此，这里提供的所有信息跟其复杂的科学和学术原则都是一脉相承的。

本章总体有两个目标：

- 为你提供知识基础，使你能更好地理解自己可能想要或需要在该主题上使用的后续信息。
- 为你提供核心概念，你需要了解哪些是可能的以及如何有效地沟通，并指导你的数据科学团队或第三方供应商。

我们将先用一个非常简短的历史背景开头，用它来说明我们是如何从1950年开始一步步走到现代人工智能的。当时，英国数学家艾伦·图灵（Alan Turing）发表了一篇论文，其中提出了一个问题："机器能思考吗？"接下来，我们将准确定义什么是机器学习，并以爱彼迎为例说明其不同的"类别"。我们还将对神经网络和深度学习进行定义，然后向你展示由神经网络和深度学习辅助的机器学习是如何让IBM的超级电脑"沃森"在电视问答节目《危险边缘》中击败两位冠军,并让谷歌的深度思考(DeepMind)产品"阿尔法狗"(Alpha Go)在抽象战略棋盘游戏——围棋中击败世界冠军的(顺便说一句,深度思考的最新产品用于国际象棋和围棋已经是小儿科了,现在它在多人游戏中也击败了人类[1])。

这里有一个问题:机器学习与统计不同吗?我们会为你解答这个疑惑。最后,我们将简单讲一下关键的机器学习技术以及它们是如何把分析性的结果组织起来的,然后通过一些示例向你展示这些技术对于品牌营销负责人来说意味着什么。我们的目标是让这关键的一章成为你真正喜欢阅读的部分。

人工智能:简史

1950年,英国数学家艾伦·图灵发表了最早的人工智能论文之一,题为《计算机器与智能》(*Computing Machinery and Intelligence*)。这篇论文提出了一个简单的问题:"机器能思考吗?"图灵提出了一种以模仿游戏的形式评估机器是否可以思考的方法。该游戏挑战人类询问者,仅根据回答的内容,在没有物理线索的情况下,看他是否能区分同一问题的哪些回答是由人类给出的,哪些是由机器给出的。这种方法被称为图灵测试(Turing test)。尽管不完美,计算机科学家仍继续使用图灵测试及其各种版本来探索人工智能领域寻求回答的问题[2]。

另一个关键时刻发生在1956年,有"人工智能之父"之称的麻省理工学院和斯坦福大学教授约翰·麦卡锡(John McCarthy)将人工智能定义为"让机器的行为看起来就像是人类所表现出的智能行为的系统"。然后,在1958年,麦卡锡创建了列表处理语言(List Processor,LISP),它成了标准的人工智能编程语言。列表处理语言仍然用于机器人技术和其他科学应用以及基于互联网的服务，如信用卡欺诈检测和航班调度。列表处理语言还为语音识别技术铺平了道路，包括苹果智能语音助手"希瑞"[3]。最初，对人工智能这一新领域的兴奋和有感知功能机器的潜力吸引了大量资金投入，科幻小说进一步推高了对它的预期。然而到20世纪70年代，由于缺乏围绕融资的具体商业目标以及未能展示出人工智能的商业价值，投资者纷纷撤出，这也导致了随后所谓的"人工智能寒冬"[4]。

1981年，数字设备公司①（Digital Equipment Corporation，DEC）开始使用R1。这是一种"专家"系统（又称基于规则的系统），主要用于协助制造其VAX-11/780计算机系统。R1输入的信息是客户的订单，输出的是一组图表，它会显示订单上组件之间的空间关系。这些图表由实际组装系统的技术人员使用。R1的主要任务之一就是去发现缺了哪些组件并将它们添加到订单中，消除因缺少零件而造成的延误[5]。

"专家"系统是人工智能的一种形式，因为它使用从该领域的人类专家那里获得的知识来解决特定问题。尽管"专家"系统的结果并不像投资人最初希望的那样宏伟，但这些系统在商业上取得了成功，并吸引资本回到了该领域。例如，截至1986年，R1估计每年为数字设备公司节省了大约4000万美元[6]。

从那时起，人工智能研究取得了长足的进步，最引人注目的是，生产系统已经从使用规则集来指导输出结果发展为数据驱动。事实上，现在包括机器学习在内的大部分人工智能技术都是数据驱动的。计算能力［如张量处理单元（Tensor Processing Units，TPUs）］的指数级增长和计算成本的

---

① 20世纪70年代人工智能行业的最主要硬件供应商之一。

下降（如摩尔定律）是数据驱动人工智能大规模出现的关键因素[7]。

2006年，数据驱动的人工智能取得了一项重要进展，当时人工智能研究员、伊利诺伊大学厄巴纳-香槟分校（University of Illinois at Urbana-Champaign，UIUC）的教授李飞飞（现在是斯坦福大学的教授，也是斯坦福大学人类中心人工智能研究所的联合主任）开始研究一个名为图网（ImageNet）的"计算机视觉"项目。图网的目标是通过映射整个物体世界，创建一个巨大的真实世界的数据集。这是通过利用亚马逊的土耳其机器人（Mechanical Turk）服务标记大量图像来实现的[8]。这很重要，因为在图网之前，大多数计算机科学家没有意识到，针对大型现实世界的数据是训练机器获得识别未标记对象能力的关键环节，而这个数据集一直是缺失的。图网还让神经网络进入了图像识别的主流（神经网络是一种机器学习技术，计算机通过分析训练样本来学习执行任务。本章稍后将详细讨论神经网络）。

今天的图网是一个图像数据库，包含超过1500万张标记过的高分辨率图像，分属于大约22000个类别[9]。因为图网，过去十年行业中诞生了数十个新的人工智能研究数据集。例如，谷歌公司在2016年推出了其开放图像（Open Images）数据库。开放图像提供了一个图像数据集，其标记非常精细，可用于从头开始训练多层神经网络。图网、谷歌开放图像和其他图像数据集通过提供训练数据源来促进机器学习，使机器能够识别相似的、未标记的对象。

在这一点上，你可能会认为自己需要进行大量数据集编译才能在公司中使用人工智能。不要害怕，谷歌、图网和其他人构建的数据集可供所有人使用。你还可以使用谷歌、图网和其他人构建的神经网络作为起点，而无须自己投入资源和时间从头开始构建。

小结：

- 人工智能由许多维度组成，机器学习只是其中之一。
- 在决定机器是否可以思考时，图灵测试仍然是黄金标准。
- 根据约翰·麦卡锡的说法，人工智能的定义是"让机器的行为看起来就像是人类所表现出的智能行为的系统"。
- 尽管20世纪50年代人类就对人工智能充满热情，但因为没有人能弄清楚如何将人工智能商业化，投资人在20世纪70年代退出了，这导致了"人工智能寒冬"。
- 1981年，数字设备公司开发了一个基于规则的"专家"系统，这为它们节省了资金，也为其他公司将人工智能商业化铺平了道路。
- 2006年启动的图网项目首次通过允许算法访问大量的"已训练数据"，让机器成为数据驱动的。
- 图网引领着谷歌和其他公司开发了更复杂的数据集，这反过来又推动了神经网络的发展。

至此，你已经了解了人工智能发展的关键阶段和关键概念，我们可以更深入地研究营销者最感兴趣的人工智能维度，即机器学习。

什么是机器学习

机器学习过程是将数据集加载到机器中，然后通过应用一个或多个计算机算法来处理，得出一系列预测[10]。算法是让计算机解决一个问题的明确过程[11]。算法前面通常有一个限定语，如搜索算法或分类算法[12]。在机器学习中很少使用单一算法，通常会按一定的顺序并以闪电般的速度部署几种算法。为了简单起见，我们将它们作为一个整体来讨论。

一个实际的算法示例是谷歌搜索。当你在谷歌主页的搜索框中输入请求时，谷歌的机器会根据你的请求，运用谷歌专有且不断变化的搜索算法，决定从其大量可用数据中为你检索哪些是可用信息。机器接收到的相关数据越多，它的预测就越准确，因为算法可以利用这些输入的信息来不断地改进它的预测，也就是学习。随着算法"获得经验"，它也越来越适用于其他未来的环境。

然而，机器学习最著名的用途是图像识别。例如，稳健的图像数据集结合算法，就可以让机器根据它在其他类似图像中"观察到"的特征来准确预测图像是毛茸茸的狗还是拖把。

2015年，帮助开发人员开发和训练机器学习模型和构建神经网络的开源代码库张量流加强了主流企业构建和训练自己的图像识别系统用于商业场景的能力[13]。

一些实际使用的图像识别系统的示例包括：

- 日本的一家面包店，其销售点可以扫描和识别超过100种不同类型的糕点，然后进行统计，并允许客户在最少人工干预的情况下付款[14]。
- 大自然保护协会（Nature Conservancy Initiative）倡议使用图像识别和自己的数据集来对渔船捕获的品种进行检测和分类，以此来控制影响海洋生态系统平衡的非法、未报告和无管制的捕捞活动[15]。
- 汽车制造商起亚（Kia）的互动推广活动可在线分析参与者的图像内容，根据这些图像将活动参与者分配到不同生活方式的小组中，并在提供的36种不同的汽车款式中将他们与最适合他们风格的车型进行匹配[16]。

小结：

- 算法是被明确定义、指导计算机解决问题的程序。
- 在机器学习中，通常会按一定的顺序以闪电般的速度部署多种算法。
- 图像识别目前是基于机器学习的人工智能技术中最广为人知的应用。
- 开源代码库张量流加强了主流企业构建和训练自己的图像识别系统以用于商业场景的能力。

机器学习的类别

机器学习算法主要分为4个：回归、降维、分类和聚类。降维和聚类属于无监督学习的常用术语，回归和分类属于监督学习的技术范畴。这些方法起源于统计学，即数据收集、组织、分析、解释和呈现的领域。机器学习以深度学习（强化学习的一部分）的形式运作，是统计学之外的领域，最常见的是人工神经网络。稍后我们将详细讨论神经网络和深度学习。

让我们通过爱彼迎的例子来看看4类主要算法的实际应用，从回归和降维开始[17]。

爱彼迎成立于2008年，总部位于旧金山，是一个在线平台。它将房屋、私人公寓、共管式公寓、别墅甚至城堡的所有者与潜在租户联系起来。它的目标不仅是始终保持其所有物业的出租状态，而且要最大化每个物业的利润。为了确定如何最好地实现利润最大化，爱彼迎需要一种方法来分析和预测其主要收入的底层驱动因素。

在此例中，爱彼迎希望通过优化定价来增加收入。实现这一目标的一种方法是使用回归模型检查用户情绪与其他各种变量（如物业清洁度、清洁费和价格）之间的关系（回归是一种统计方法，可让你测试两个或多个变量之间的关系。好消息是，机器可以处理所有计算和统计相关的繁重工作）。

假设爱彼迎营销者的数据源是对房产的评论。难点是，此时爱彼迎的原始数据是"非结构化的"，因此无法在回归模型中使用。为了克服这个障碍，必须运用一种算法将这些书面文字（或文字组）转化为数值，即可代表消费者偏好的"结构化的"量化数据。注意：将文本转换为数字也属于降维的机器学习范畴，即把大量要准备使用的随机变量缩减为一组少量的主要变量的过程。

然后，爱彼迎选择通过创建极性指标（polarity metric）对评论文本（或数据）进行高级分析，来表示客户对评论的情绪。为此，它将原始文本评论数据导入情绪分析工具，该工具会生成一个数字分数，捕捉评论的情绪。

分配变量后即可使用极性算法（polarity algorithm）。获取原始文本数据并将其转换为数字情感分数的自然语言处理算法，使用预先指定的正面和负面词典以及上下文移位器（定位正面和负面词周围的词），并对每个评论分配一个正面或负面的数值。极性算法可计算句子中正面和负面词的加权平均值，权重取决于单词和上下文移位器的组合。

一旦为每条评论中的情绪分配了一个数值，爱彼迎的营销经理就可以像它使用其他任何变量一样，将其用作回归分析中的一部分，从而优化收入。在这种情况下，爱彼迎的回归分析可能会使用价格、评论情绪和房产属性（如费用和卧室数量）来预测评论数量，这是衡量房产需求的指标。使用回归构建的预测模型将允许爱彼迎预测不同价格水平下的房产需求，然后确定房产需求最大化下的价格。

小结：

- 机器学习算法主要分为四类：回归、降维、分类和聚类。它们起源于统计领域。
- 回归是一种统计方法，允许你检查两个或多个变量之间的关系。
- 原始文本数据在回归模型中不可用，因为它被视为非结构化数据。
- 为了克服这个问题，必须运用一种算法将文本转换为数值或结构化数据。
- 机器学习允许人们应用复杂的工具，如情绪分析工具，它输出深度洞察的速度远超任何个人或群体。
- 将文本简化为数字是一种降维形式，即将大量随机变量缩减为一组少量主要变量的过程。

机器学习的另外两种算法是分类和聚类。将它们放在一起讨论比较合适，因为分类和聚类也是神经网络的基础，我们将在下面加以讨论。

分类是基于一组数据点预测项目的标签或类别的过程。这些数据点会被赋予一定的特征。特征是能有效描述你希望分类的事物独特性质的值。一个简单示例：如果你对飞蛾进行分类，一些用于描述的特征会是翼展、体重和触角长度。

继续看爱彼迎的例子。假设该公司想要确定最愿意购买额外服务［如爱彼迎体验（Airbnb Experiences）］的客人，营销者将使用客户特征，如年龄、家庭构成、之前访问过的地点、某个地点可用体验项目的数量以及其他相关因素，根据客户过去购买服务的频率将其划分为不同的层级。分类算法将基于以上维度筛选客户的历史数据，以帮助爱彼迎识别可用来预测购买爱彼迎体验的规则。例如，20—30岁的单身客户曾访问过拥有超过20个体验选项的海滩地点，在每次访问期间都购买了爱彼迎体验等。这些规则可以让爱彼迎对正在寻找租房的客户进行评分，如果他们在购买体验的机会上得分高，爱彼迎就会通过电子邮件向客户推荐其他的爱彼迎体验产品或服务。

聚类是一种机器学习技术，涉及对客户或数据点进行分组[18]。聚类分析允许你通过在运用该算法时查看数据点属于哪些组，从数据中获得有价值的见解。聚类用于目标营销、客户细分和推荐系统。爱彼迎根据客户所租物业的特征（如对准确性、沟通、清洁度、位置、入住过程和价值的评级），使用聚类分析对客户进行细分。聚类分析的输出结果将根据其属性偏好进行细分。

例如，如果一个细分市场的客户对清洁更看重，另一个细分市场的客户对与房东简单且中肯的沟通更看重，针对这两个不同细分市场群体，爱彼迎在脸书上就可以创建个性化的广告。为了定位客户，需要根据他们的人口统计数据和脸书提供的其他变量来分析这些细分市场。这些来自个人资料的变量将用于识别爱彼迎的新增潜在客户，并针对这些潜在客户提供正确的信息。

小结：

- 分类是根据分配给一组数据点的特征（如飞蛾的翼展、体重和触角长度）来预测项目标签或类别的过程。
- 机器学习的分类算法可以筛选过去的客户数据，用以确定可用来预测购买爱彼迎体验产品的规则。
- 聚类是一种涉及客户（或数据点）分组的机器学习技术。
- 爱彼迎可以根据客户所租物业的特征使用聚类分析对客户进行细分。
- 在回归和聚类方面，机器学习和传统做法基本相同。聚类几乎完全相同。在回归中，机器可以包含更广泛的数据并自动选择变量，也能处理更多的预测变量。

机器学习的另一个方面（特别是深度学习）是在人工神经网络领域的运作。我们来定义一下神经网络。

神经网络

人工神经网络是一组算法，以人脑为模型，旨在识别模式。从概念上讲，神经网络包括输入、执行工作的节点或由"神经元"组成的隐藏层和输出[19]。

神经网络帮助我们对数据进行聚类和分类。它们有助于根据样本数据输入之间的相似性对数据进行分组或聚类，并且当它们有标记过的数据集（回忆下之前提到的图网）时，它们可以帮助对未标记数据进行分类，从而帮助计算机提高其"感知"和"学习"能力[20]。例如，一个由神经网络驱动的对象识别系统可能需要先输入数千张带有标签的汽车、房屋、咖啡杯等图像，然后才能在新的、未标记的图像中找到与特定图像始终相关标签的视觉模式。前面提到的日本终端销售系统（POS）可以识别一百多种不同的糕点类型，在系统感知水平达到有用之前，可能已经输入了数百甚至数千张标记过的蜜瓜包图像。

对于爱彼迎，照片可以促成或破坏用户的租房决定。因此，该公司在2018年开展了一个项目，利用计算机视觉和深度学习将其庞大的房屋列表照片数据库分为不同的房间类型。这个分类项目有两个目的：①允许爱彼迎将相同房间类型的照片组合在一起，以提供简单的房屋预览；②使爱彼迎更容易验证房东提供的房间信息是否真实[21]。

爱彼迎使用类似于图网的图像分类，目的是呈现客人最感兴趣的照片，以便验证房东提供的信息是否真实，并帮助房东学习如何以规模化的方式使他们的图像更具吸引力。为了实现这一点，它选择了一种现成的神经网络模型，并根据需要对其进行了定制。爱彼迎的数据科学家随后找到了一种可靠的方法来标记数据，并尝试了一些训练数据的选项，使得爱彼迎的分类可以做到95%的准确性，例如，机器识别为室外的图像实际上就是室外图像，分类为室内的图像就是室内图像。这体现了一家公司利用其"直面消费者"的数据和定制算法来引领行业模式的价值[22]。

人们可以看到爱彼迎在继续扩展这一功能，它允许客人在其网站内搜索特定地点（如瑞士日内瓦）具有"湖景"特色的房屋，随后爱彼迎的系统会根据房东发布的图片为用户列出一些可以欣赏湖景的房屋。

小结：

- 人工神经网络是一组模仿人脑、旨在识别特定模式的算法。
- 神经网络帮助我们对数据进行聚类和分类，目的是帮助计算机提高其"感知"和"学习"能力。
- 图像分类使得爱彼迎能够优先展示客人最感兴趣的照片，并验证房东提供的信息是否真实。
- 爱彼迎使用自己"直面消费者"的数据和定制算法使其表现领先于全行业。

深度学习

因此，如果你曾经让"希瑞"或"亚历克萨"为你打过电话，或者使用过谷歌的语言翻译应用程序,那么你就已经体验了深度学习。深度学习（Deep Learning,DL）是指将机器学习的神经网络应用于复杂问题,使机器能够从错误中学习并评估自己达到正确结果的概率,换句话说就是发展自己的"直觉"[23]。

出于本书目的,当谈论机器学习时,我们会假设它也可能包括深度学习的某些方面。尽管它们是不同的术语,但如今人工智能、机器学习和深度学习以及神经网络通常协同工作,如图6-1所示。IBM"沃森"在2011年作为经典电视游戏节目《危险边缘》参赛者的表现就是一个很好的例子。

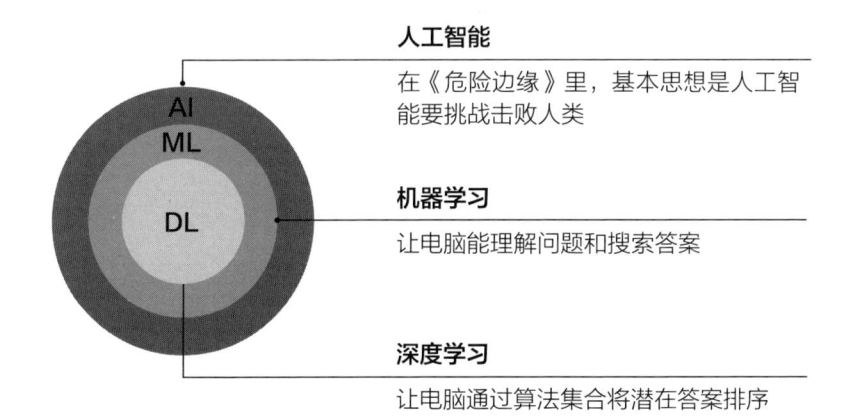

人工智能
在《危险边缘》里,基本思想是人工智能要挑战击败人类

机器学习
让电脑能理解问题和搜索答案

深度学习
让电脑通过算法集合将潜在答案排序

图 6-1 人工智能、机器学习和深度学习

"沃森"与《危险边缘》

"沃森"最初是IBM的"大挑战"之一,这是一项涉及其硬件、软件、服务和研究部门的多年计划,它从一个在现在看来是"不可能"的明确目标开始[24]。IBM开展这些挑战是因为它知道即使最终无法实现目标,结果

也会很有价值,公司的集体知识也会得到提升。"沃森"、"深蓝"(Deep Blue)[1][25] 和 "蓝色基因"(Blue Gene)超级计算机 [26] 都是 IBM 大挑战的成果。

对于 2005 年左右提出的"大挑战"项目,IBM 研究部主任的保罗·霍恩(Paul Horn)赞成开发一种机器来赢得图灵测试,该机器可以骗过人类,让他们以为自己正在与另一个人类对话。霍恩认为一台机器在《危险边缘》中战胜人类将是朝着这个方向迈出的一步。他与 IBM 软件集团的执行副总裁查尔斯·利克尔(Charles Lickel)接洽该项目,但利克尔开始并没有同意,直到有一天他在一家餐厅吃晚饭时,看着顾客们涌进酒吧去看《危险边缘》上届冠军肯·詹宁斯(Ken Jennings)是否将续写他的连胜纪录(他确实做到了)。利克尔之后设法说服他那些心存怀疑的团队接受《危险边缘》挑战。

《危险边缘》是一款经典的问答游戏,先给出答案,然后由参赛者提供问题。如果玩家的应答是正确的,他们会得到他们下注的金额;如果不正确,他们会损失该金额。这是一个非常复杂的游戏,因为它不仅需要百科全书式的知识,还需要有快速回忆这些知识、解释复杂且模糊的陈述的能力,还要有能战略性快速抢答的能力……最后还要有一点点运气 [27]。

为了应对这一项目,IBM 团队需要开发一种"问答"机器。研发的成果叫作深度问答(DeepQA),这是一种软件,它不仅在《危险边缘》设置的线索中用自然语言内容进行分析,而且还会调用大约两亿页的存储数据。该系统以 IBM 创始人托马斯·J. 沃森(Thomas J. Watson)的名字命名为"沃森"。这是世界上第一个能够回答自然语言提出的问题的系统 [28]。自然

---

[1] 在国际象棋中击败大师加里·卡斯帕罗夫(Garry Kasparov)。

语言就是通过不断使用和重复,在人类中自然进化出的语言。"沃森"分析和理解线索问题的能力是机器学习的一个例子。系统可以用算法来分析诠释问题的各种不同方式,然后搜索大量内部数据来寻找合理的答案。

此外,考虑到玩家因回答错误而面临的惩罚,"沃森"还必须对其响应充满信心,然后才能抢答。这就是深度学习的用武之地。"沃森"使用第二组算法(深度学习)来寻找肯定或者否定潜在回答的证据,并对其进行排名,同时只在有信心答对的前提下才作答。

2011年2月,"沃森"以立式电脑显示器的形态站上了《危险边缘》的舞台,显示器上印有IBM的"智慧星球"(Smarter Planet)的标志。当系统回答正确时这个标志变成绿色,当系统回答错误时这个标志变成橙色。尽管"沃森"通过文本而不是主持人亚历克斯·特雷贝克(Alex Trebek)的口播获得线索,但它玩游戏的方式与人类同行的方式相同。在连续三集中,"沃森"成功击败了该节目两位最伟大的冠军,并赢得了一等奖100万美元的奖金。

IBM进一步开发其"认知计算"(cognitive computing)能力,并使之商业化,将其技术部署在食品、医药和旅游等众多行业中。尽管IBM在2019年将其营销和商务解决方案(包括"沃森")出售给了一家私募股权公司,但它仍计划继续与新所有者合作。

小结:

- 深度学习是将机器学习的神经网络应用于复杂问题,使机器能够从错误中学习,并评估自己达到正确结果的概率,换句话说就是发展自己的"直觉"。
- 今天,人工智能、机器学习和深度学习以及神经网络通常协同工作,就像 IBM "沃森"在《危险边缘》上的表现一样。
- "沃森""深蓝"和"蓝色基因"超级计算机都是 IBM "大挑战"项目的成果。

数据和分析

我们不能光谈论人工智能和机器学习或深度学习而不谈论数据，因为要能够学习和适应，机器需要大量数据。谈论数据基本上有两种方式：①通过机器学习的视角，它起源于计算机科学的新领域；②人工智能和其他方法则是通过统计建模，这是一个源自纯数学的古老领域。埃德万瑟教育探索（Edvancer Eduventures）首席执行官阿塔什·沙阿（Aatash Shah）以这种方式定义了两者：

- 机器学习是一种无须依赖基于规则的编程就可以从数据中学习的算法。
- 统计建模是以数学方程的形式对数据中变量之间关系进行模型化的过程[29]。

然而，卡内基-梅隆大学教授和统计学家拉里·瓦瑟曼（Larry Wasserman）断言，这两个领域涉及完全相同的概念，只是使用了不同的术语[30]（其对比详见表 6-1）。

表 6-1 机器学习与统计学的对比

机器学习	统计学
学习	估值拟合

续表

机器学习	统计学
假设检验	验证性数据分析
例子/样本	数据点
网络/图谱	模型
权重	参数
监督学习	回归/分类
无监督学习	聚类
特征	协变量
标签	因变量

那么机器学习和统计建模有什么区别呢？瓦瑟曼说，简短的回答是没有。这两个领域都关心回答同一个问题：我们如何从数据中学习？为了进一步区分这两个领域，瓦瑟曼提出"统计学强调低维问题中的正式统计推断（置信区间、假设检验、最优估计量），机器学习强调高维预测问题"。然后他很快补充说，这是一种过度简化的说法，因为随着这两个学科的发展，两者之间的界限越来越模糊。事实上，这两个数据驱动的学科之间的协作和重叠总体上会带来更好的决策质量和更准确的预测。

何时使用机器学习中的内容

机器学习是一个强大的工具，但要有效地使用它，你首先需要明确自己想要实现的目标。你有兴趣总结历史信息吗？你想知道如果自己采取行动 a、b 或 c 或它们的组合会发生什么吗？或者你想弄清楚问题发生的原因以及解决问题的最佳措施吗？了解你想要实现的目标，这将帮助你确定哪种机器学习技术最能帮助自己。

机器学习技术是跨越分析类型和机器学习类型的连续统一体，其框架如图 6-2 所示[31]。

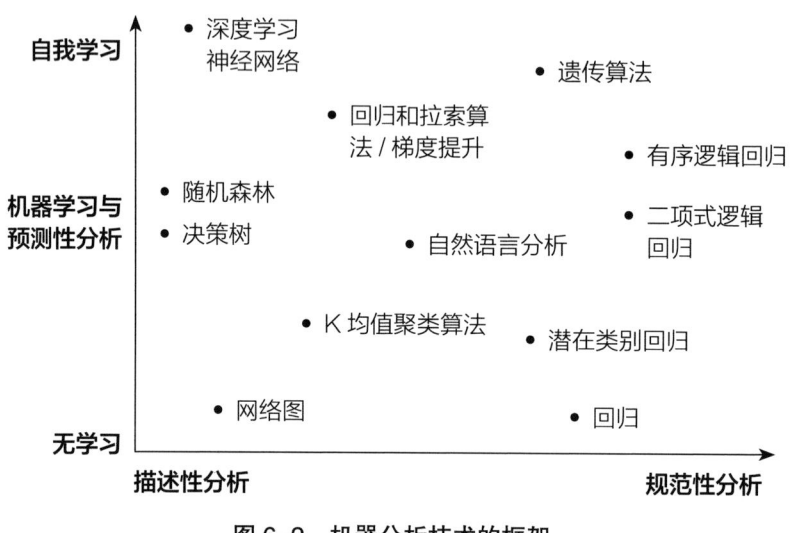

图 6-2 机器分析技术的框架

技术分析框架

描述性分析

描述性分析（Descriptive Analytics）用来探索数据以总结历史信息。描述性分析回答的典型问题包括"发生了什么""何时、何地以及如何发生的""为什么会发生""这是否异常"，如希尔顿酒店可能有兴趣了解假期酒店预订客房的百分比、通过猫途鹰预订的百分比、客户发布在脸书上关于其住宿情况的帖子数量、该客户脸书上朋友的价值以及 3 月份某个酒店客房的预订量下降是否与历史趋势以及该地区其他酒店客房的趋势一致。

网络图是希尔顿用来映射客户的社会关系、更好地了解目标客户，做病毒式营销传播活动的描述性技术。数据透视表、相关性、直方图和数据可视化是其他描述性分析很好的例子。

预测分析

预测分析（Predictive Analytics）是指能让你预测结果或回答"在不同的信息输入的情况下会发生什么"的方法。机器学习技术主要关注能够利用多个变量来预测特定事件的预测分析模型。例如，希尔顿连锁酒店可能希望根据历史入住率、连锁店的特征（如星级）、猫途鹰的评论、当地活动或建筑的特征来预测酒店的入住率。

为此，管理者可以使用决策树或被称为随机森林的决策树集合。拉索回归允许管理人员从大量候选变量中自动选择一组少量的有效变量，其具体目标是对若干可能的数据样本改进预测效果。例如，希尔顿的经理就可以使用拉索回归来预测入住率，类似于决策树。希尔顿还想知道客户是否有可能继续预订他们的酒店，还是更有可能转向爱彼迎或万豪等其他连锁酒店。

神经网络和神经网络的深度学习扩展允许经理通过整合有关客户与品牌互动的所有信息来预测客户留存率。这些互动包括预订类型、旅行类型（商务或休闲）、访问日期、客户忠诚度、客户预订趋势、客户个人情况（如年龄或收入）、物业经理评级、酒店客户食物偏好等。

谷歌流行的图像分类器和翻译算法也使用深度学习算法。这些算法也被称为"自我学习"，因为它们能够根据新数据自行更新模型设置，而无须人工干预。

规范性分析

当管理者对"为什么会发生某事？"和"最大化关键绩效指标的最佳行动方案是什么？"之类问题的答案感兴趣时，规范性分析（Prescriptive

Analytics）非常有用。除了预测客户流失的可能性大小，希尔顿经理可能还想知道白金会员可获得的某些特别优惠（如休息室使用权）是否能有效地提高客户留存率。虽然预测模型可以预测事件，但它们在确定某个促销是否与客户留存等结果有因果关系方面作用很小。这会阻碍管理层设计更好的产品或服务以便最大限度地留存客户。

这就是规范性分析（如多元线性回归和逻辑回归，二项式或有序式）可能有用的地方。规范性分析技术不是一个黑匣子，可以推断出每个单独的干预或营销活动对结果（如客户留存）的边际影响。其缺点是它们不能很好地处理大规模的自变量，并且它们的预测能力通常低于预测分析技术。

一种有趣的技术是遗传算法。这些算法是受达尔文自然选择理论的启发来解决优化问题的。尤其是在信息不完整或不完善，甚至计算能力有限的情况下，它们是一个很好的解决方案。它们使用一个进化的过程，从一组变量开始，然后快速且有目的地创建一系列后续的"世代"，完成突变，以达到特定最优化问题的最佳解决方案[32]。这是遗传算法的普遍做法。

优化（Optimizely）是一款客户体验优化软件，它使用遗传算法等找出客户喜欢的网站功能，从而提供越来越个性化的网站体验。例如，搅拌机制造商维他密斯（Vitamix）发现其网站购物车的放弃率为80%。为了吸引回头客并鼓励他们转化结账，维他密斯使用了网页个性化优化的功能。新体验为维他密斯的网站添加了"迷你购物车"功能，该功能显示了个性化的购买物品清单和彩色的号召性用语。通过为回访者提供这种个性化体验，该团队能够将这些受众的订单转化率提高13.7%[33]。

小结：
- 讨论数据的两种方式是机器学习和统计建模。

- 这两个名词涉及相同的概念，但使用不同的术语。这两个领域都关心回答同一个问题：我们如何从数据中学习？
- 机器学习是一种强大的工具，但要有效地使用它，你必须先明确自己想要实现的目标。
- 网络图、回归、K均值聚类算法、自然语言处理以及有序逻辑回归和二项式逻辑回归是机器学习技术的一些示例。
- 机器学习技术可以使用描述性、预测性和规范性分析或其组合。该过程的范围就是从不学习到预测到自我学习。
- 描述性分析：探索数据以总结历史信息。
- 预测分析：允许你预测结果或回答"在不同的信息输入的情况下会发生什么"的问题。
- 当管理者对"为什么会发生某事"以及"最大化关键绩效指标的最佳行动方案是什么"等问题的答案感兴趣时，规范性分析非常有用。
- 遗传算法受达尔文自然选择理论的启发，用来解决优化问题。

数据驱动的人工智能已经被用于改善客户的个性化体验，有时甚至在客户没有注意到的情况下就发生了。人工智能的机器学习的维度正迅速接近一个自我优化的水平，它在你睡觉时就能不断地自行做出更好的预测（这与先进的分析技术本质不同，分析技术只有当你每周五开会讨论电子表格、同意更改或改进并在下周实施时，才会变得更好）。

虽然通过会议和人工干预进行改进可能是我们都习惯的做法，但未来的成功在于人工智能驱动系统的战略的实施。该系统可以在每个重要的营销时刻自动改进客户体验，提供给系统更多的案例，不断提高预测的准确性，然后将这样的系统用于营销活动，最终将客户关系时刻转变为人工智能时刻。

既然你已经掌握了人工智能和机器学习的基础知识，那么让我们来看看你来这里的真正原因：了解 AI 营销画布如何帮助你制定可靠的策略并利用每一个机会增强客户关系时刻。

第 3 部分

AI营销画布：营销中应用人工智能和机器学习的五步法

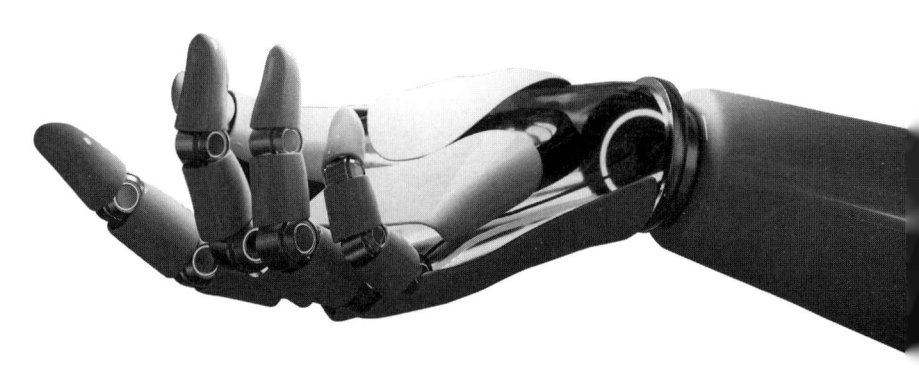

第 7 章
AI 营销画布中的核心要素

> 机器可以比任何人更快、更系统、更一致地测试营销战术的执行效果。如果想要充分利用这些机器,营销者就需要具有支持和鼓励迭代和实验的框架(和思维方式)。
>
> ——康拉德 · 费尔德曼(Konrad Feldman)
> 量播公司(Quantcast)[1] 创始人兼首席执行官

在营销中运用人工智能的方法

假设公司的首席执行官在走廊里拦住你,说他在《华尔街日报》上读到一篇关于人工智能和营销的文章,并询问你在营销上运用人工智能该采取什么样的战略。许多营销者会在战术和执行层面回答他的问题,例如"我们正在测试'油管'新推出的由机器学习驱动的广告投放工具,这能针对用户个人层面自动提供最有效的广告形式组合[2]"。这个回答存在两点不足:①它是关于战术层面的,因此没有回答首席执行官的问题,他问的是战略;②它没法展示你的立场,没法帮助你向首席执行官要更多的资源来拓展后续的计划。

战略的本质是做出选择[3],是在下注,换句话说,"如果我选择 x 系列行动(包括相应的战术和执行), y 结果应该发生"。这不是要去尝试营销中的每一个时髦的工具和营销活动，而是要做出一些假设，制订一个全面的计划，其中涉及的一系列活动要能实现三种效果：①渐进的盈利增长；②时间累积形成的品牌资产；③为你的团队、公司和社区带来良好的结果。

对于公司的首席执行官、你的团队和你自己，你需要一个如何在营销中使用人工智能的战略计划！你需要一种策略来指导自己的营销，从今天100%纯手动开发和人工决策，发展到明天的机器决策，即便无法实现全面智能化，也要以机器辅助为目标。

在高管教育课程和咨询项目中，我们遇到过大量高级别的营销者，我们经常会问他们将人工智能应用于营销的计划是什么，他们一致认为这是一个难以回答的问题。其原因有几个：①很少有营销者能够很好地掌握人工智能和机器学习技术，更不用说将其应用于4个客户关系时刻；②没有真正的人工智能和特定的营销战略路线图或规划工具模板可以让营销者有把握地规划前进的道路。这一点很清楚：没有一些指导，品牌要么停滞不前、无所事事，要么目标太高但又只采用了太多战术层面的动作，这可能导致惨败。

注意：失败可以是成功之母。当逐步推动计划落地时，失败可以让你以尽可能小的风险学习。这方面更详细的内容将在第10章讨论。我们在这里所说的失败是指比如一项昂贵的营销活动，花费了100万美元和一年的时间来开发，但没有实现任何消费者价值。营销活动效果实现与否就有重大差别。为了填补这一战略空白，我们创建了一个用于战略规划的模板，用它来说明如何将人工智能应用到营销工具包中，我们将这种模板称为AI营销画布。

什么是AI营销画布

你已经知道什么是营销，但在这种情况下，定义一下另外两个术语

"AI"和"画布"会对你很有用。

AI是机器以"智能"方式完成任务的能力。其中涉及的机器是高性能计算机系统，具有快速、准确地处理大量数据的能力（我们在第6章中介绍了你需要了解的所有人工智能相关元素）。当然，画布一词被广泛用于传达业务战略中的含义。你可能熟悉流行的"商业模式画布"，它由亚历山大·奥斯特瓦德（Alexander Osterwalder）在2004年的毕业论文中首次提出，作为一种管理工具，商业模式画布可以让公司轻松地表达其业务逻辑[4]。商业模式画布将所有关键战略组成部分总结为一页纸中的九个模块，如图7-1所示。这种传统商业模式画布的格式是AI营销画布的灵感来源[5]。在一个页面上呈现业务的所有关键元素，可以让你看到"大局"，就实现目标可能需要和想要做的事情做出更好的决定。典型的商业模式画布由公司或产品关键战略的"基础模块"（如价值主张、基础设施、客户、财务等）构成。

你能帮助到谁？ 重要伙伴	你如何做？ 关键业务	你是做什么的？ 价值主张	你们如何互动？ 客户关系	你帮助谁解决问题？ 客户细分
	你需要什么？ 核心资源	从这里开始	你如何触达他们？ 分销渠道	
成本是多少？ 成本结构				你能赚多少钱？ 收入来源

图7-1 商业模式画布的九个模块

资料来源：strategyzer.com。

我们是商业模式画布的坚实拥护者,并在我们的工商管理硕士（MBA）课程中教授它,因此我们自然而然地认为,单页战略的格式也适合我们想要创建的框架。许多优秀营销者给了我们有用的反馈,许多才华横溢的平面设计师也给了我们不少帮助,在多次迭代之后,才有了如今的AI营销画布。

AI营销画布是一个框架,不管你现在处在哪个阶段（共有五步）,无论你是否仍处在建立数字化基础设施的阶段,或者你已经拥有坚实的数字或数据分析基础,并在寻找一个画布来指引你从一个阶段走到下一个阶段,都可以使用它来计划和执行在营销上有关人工智能和机器学习的各种聪明的战略行动。你还可以借助AI营销画布向你的营销同行与管理团队解释不同程度的人工智能应用,以及如果公司作为节点,你将用人工智能做成什么；如果你的公司渴望像网络一样运作,AI营销画布还可以作为路线图。

请看一下表7-1中AI营销画布的精简版,以便你了解自己的方向。每个成功的品牌都会经历打基础、做实验、扩场景、促转型和保收获这五步。AI营销画布的使用方式是从底部开始,自下而上。随着你的提升,越来越多的人工智能和机器学习会发挥作用,从而确保客户体验过程中对更多的客户关系时刻做到个性化。每一步都有特定的目标,当你迈过不同的步骤时,前一步的目标将继续发挥作用。例如,如果你在第二步中运用了基于人工智能的程序化广告投放,你可能会在第三步及更后面的步骤中进一步增强人工智能和机器学习能力时继续这样做。

表 7-1　AI 营销画布概览

步骤	客户关系时刻			
	人工智能获取	人工智能留存	人工智能增长	人工智能推荐
第五步 保收获	用人工智能来实现增量的收入来源或者新的商业模式。作为平台来服务外部客户。			
第四步 促转型	用人工智能实现整个客户旅程上所有营销活动的自动化。夯实内部能力。"自建或是收购"决策。			
第三步 扩场景	在更广泛的营销活动上应用人工智能。任命人工智能营销斗士。协调各方努力,以及发展内部开发能力。			
第二步 做实验	用第三方和经销商提供的人工智能赋能的工具来快速学习,在客户旅程中单个客户关系时刻中获得正反馈。"百家争鸣"。			
第一步 打基础	开展人工智能和机器学习的先决条件。			

将 AI 营销画布视为游戏棋盘。你可以覆盖的方格越多,每个客户关系时刻应用的人工智能就越多,你将更能够创建个性化的客户体验,让你在现在和未来"赢得"这些时刻。

回到本章开头的场景,如果你使用 AI 营销画布创建了人工智能战略,而不是告诉首席执行官"我们正在测试'油管'新推出的由机器学习驱动的广告投放工具",那么你更好、更战略性的简短回答可能是这样的:"我们绘制了一个名为 AI 营销画布的战略路线图。根据领先品牌的最佳实践,它为我们展现了随着时间推移公司要经历的不同步骤或不同能力。这是一个将公司在人工智能上的应用谨慎且系统地'从入门走向精通'(from zero to hero)的路线图。我很想和您分享。"这种级别的响应也是为你之后取得管理团队支持、获得资金的第一步。

完整的 AI 营销画布

现在大家来看一下完整的 AI 营销画布（见表 7-2）。你会注意到每个步骤都有特定的目标以及每个步骤和每个客户关系时刻的关键问题。暂时不要担心画布里到底要放什么（我们将在本书的第 4 部分对此进行详细介绍），你在这部分要做的是熟悉画布及其路标。

表 7-2 完整的 AI 营销画布[①]

步骤	客户关系时刻			
	人工智能获取	人工智能留存	人工智能增长	人工智能推荐
第五步：保收获 用人工智能来实现增量的收入来源或者新的商业模式。作为平台来服务外部客户。				
关键问题： • 商业模式是什么？ • 人工智能如何成为新的收入来源？				
第四步：促转型 用人工智能实现整个客户旅程上所有营销活动的自动化，或者深耕 1—2 个客户关系时刻。市场营销团队需要对大部分的内部开发或者来自合作伙伴的深度开发有控制权。				

---

① 请由画布的底部从下向上看。——编者注

续表

步骤	客户关系时刻			
	人工智能 获取	人工智能 留存	人工智能 增长	人工智能 推荐
关键问题： • 我是应该在内部自建，还是收购一个有相关能力的公司？ • 我在哪里能找到所需的人工智能人才？ • 什么样的人工智能实践能使得我们的市场营销动作与众不同？				
第三步：扩场景 在更广的营销活动上应用人工智能。任命人工智能营销斗士。协调各方努力，以及内部做开发的能力。				
关键问题： • 我是继续深耕某一个客户关系时刻，还是进入下一个？ • 在公司内部的不同职能上我的核心成员有谁？				
第二步：做实验 用第三方和经销商提供的人工智能赋能的工具来快速学习，在客户旅程中单个客户关系时刻中获得正反馈。				
关键问题： • 个性化的价值口袋有哪些？ • 数据在哪里？ • 我先聚焦解决哪个客户关系时刻？ • 哪家服务商有合适的人工智能工具？				

续表

步骤	客户关系时刻			
	人工智能获取	人工智能留存	人工智能增长	人工智能推荐
第一步：打基础（先决条件） 通过收集业务中的一手数据逐步搭建数字基础设施。找到足够多高质量的数据，开始训练机器学习模型，赋能客户关系时刻。					
关键问题： • 我们是否有一手、二手和第三方提供的客户和潜在客户的数据？ • 收集数据的流程是自动化的吗？ • 客户和潜在客户的结构化与非结构化数据，我们能用一致、可靠的方式储存吗？ • 我们能将现有信息串起来得到客户和潜在客户完整的描述吗？ • 是否有足够多客户和潜在客户的数据以及足够长的时间跨度让人工智能和机器学习算法发挥作用？					

记住，从画布底部开始（打基础），沿着画布向上进入第二步（做实验）、第三步（扩场景）、第四步（促转型），最后，如果合适，可以进入第五步（保收获）。最终，你将重新创建此画布，开始用帮助你增强当前步骤下的客户关系时刻或你现在关注的时刻的人工智能和机器学习方法填充它。稍后我们将向你展示一个完整的示例。

我们还鼓励你在长期战略营销计划中使用此画布，向利益相关者传达要达成的目标，以及为了实现长期赢利可能需要的人员、流程和文化转变。希望你已经建立了自己的数字化基础，即便没有，也请继续阅读下文。在第 8 章中，我们将提供一些变通的方法，让你在学习的路上就能取得应用人工智能和机器学习的成果，你可以使用这些成果所构建的案例推动管理层实施 AI 营销战略。

既然你已经看过 AI 营销画布并知道它是如何工作的，那么是时候从第一步（打基础）开始我们的五步法学习了。

总结

- AI 营销画布是一个单页战略路线图或模板，可用来将人工智能和机器学习添加到营销工具包中。
- 画布的灵感来自商业模式画布，该画布起源于亚历山大·奥斯特瓦德 2004 年发表的毕业论文。
- AI 营销画布反映了我们研究过的所有品牌成功使用人工智能增强客户关系时刻的五个步骤。
- AI 营销画布的五个步骤是打基础、做实验、扩场景、促转型和保收获。
- 每个步骤都涉及几个关键问题，你应该能够在每一个步骤启动之前回答这些问题。
- 当首席执行官或你的团队询问"人工智能和营销计划是什么"时，你可以说自己正在遵循 AI 营销画布的五步法，在营销工具包中逐步深入地实施人工智能。
- 本书末尾的诊断将帮助你重新审视和整合所有材料，并找出你的公司在这连续步骤中的位置，以便你决定第一步、第二步和第三步分别要做什么。

第 8 章
第一步：打基础

> 高层建筑需要更坚固的地基。现代企业的大厦将建立在他们用来不断学习的数据的基础上。
>
> ——桑德·马达希拉（Sunder Madakshira）
> **奥多比公司（Adobe）印度市场营销主管**[1]

AI 营销画布的第一步是打基础（如图 8-1 所示），即用于持续收集以消费者为中心的一手数据所需的数字化基础设施。这些一手数据是用来训练机器学习模型的高质量数据。

实施"打基础"这一步要回答的关键问题有：

- 我们是否拥有关于现有客户和潜在客户的一手、二手或第三方数据？
- 收集数据的过程是否是自动化的？
- 我们能否以一致且可靠的方式存储和访问有关现有客户和潜在客户的结构化和非结构化数据？
- 我们能否将所有信息联系起来，获得关于现有客户和潜在客户统一、全面的画像？
- 数据是否涵盖了足够长时间段、足够数量的现有客户和潜在客户，使人工智能和机器学习的算法有效？

| 第五步 |
| 第四步 |
| 第三步 |
| 第二步 |
| **第一步** |

AI 营销画布
第一步：打基础（先决条件）——通过收集业务中的一手数据，逐步搭建数字基础设施。找到足够多高质量的数据，开始训练机器学习模型，赋能客户关系时刻。
关键问题：
• 我们是否有一手、二手和第三方提供的现有客户及潜在客户的数据？ • 收集数据的流程是自动化的吗？ • 我们能用一致、可靠的方式储存现有客户和潜在客户的结构化与非结构化数据吗？ • 我们能将现有信息串起来得到关于现有客户和潜在客户一个完整的描述吗？ • 是否有足够多现有客户和潜在客户的数据以及足够长的时间跨度让人工智能和机器学习算法发挥作用？

图 8-1　AI 营销画布的第一步

例如，作为其十多年前部署的计划的一部分，星巴克已经积累了一个包含 1760 万活跃星享俱乐部会员的数据库。这些会员为星巴克提供了数量惊人的宝贵的个人数据。然而，这些数据是没什么用的，除非存在一种有效且准确的方法来处理它们，并从中获取洞察。实现这一目标的唯一方法是借助技术，而这正是星巴克在其"深萃"（Deep Brew）计划中所做的[2]。在公司的 2019 年第四季度和 2019 财年年度报告中，星巴克总裁兼首席执行官凯文·约翰逊（Kevin Johnson）写道："作为'深萃'计划的一部分，我们在以多种方式利用人工智能技术……'深萃'已在移动应用程序上实行，为客户提供个性化的优惠和建议，从而改善客户体验[3]。"

如果像星巴克一样，你的目标是实现个性化的消费者体验，你需要直接了解消费者在每个关系时刻都在做什么。为此，你需要一种可靠的方法来获取干净的数据。你必须建立一个数字化的基础设施，用来准备好那些输入人工智能和机器学习算法的信息。然后，系统将从这些数据中学习，并使用这些分析来预测你的消费者真正想要什么。

如果没有强大的数字化基础设施，你将无法积累机器（算法）生成有意义的输出（预测）所需的大量干净数据。为了积累大量忠实用户，星巴克在十年内不断改进星享俱乐部应用程序及其周边技术，这些用户是"深萃"计划的主要数据来源。如果你还没有像星巴克那样在十年前就开始打造一个计划，那么下一个最佳开始时间就是今天。

我们将在第13章中重新审视星巴克，这是一个成功实施AI营销画布五步法的典型品牌案例。

以数据为中心

如果你的公司在打基础这步中的最终目标是磨炼你跟踪消费者行为和偏好的能力，那么你需要将以下事情落实到位[4]：①涉及大量数据的基本流程的自动化，尤其是在分析的智能化或速度提升能成为优势的领域。这方面有个例子是保险公司，它们将收集基准定价数据的流程自动化，实现了每15分钟更新一次报价。②结构化的分析和集中的数据流程以及跨渠道的全局视图的报告。例如，零售品类经理应该有权访问完整的历史客户数据，这样他们可以看到哪些产品受到了哪些客户的欢迎，哪些产品在哪个渠道销售，哪些产品之间有客户转化。③相互打通的数据库以及尽可能多地收集和存储一手客户数据的能力（如星享俱乐部）。④确保数据收集（输入）和交付（输出）方式统一和完整（即"干净"）的数据质量流程。例如，产品评论都被准确记录，并能与写评论的客户和被评价的产品正确匹配上。

同样，这里的目标是获得从消费者那里收集来的大量干净数据，然后将这些数据输入处理该数据的算法中，让机器学习并展开对消费者的预测。如果你的公司较大，可能已经有一些系统让数据直接从数据库传输到执行工作的机器上。但是，你拥有的部门和渠道越多，或者你在增长过程中做的收购越多，连接数据和将这些数据标准化的难度就越大。但当一切最终都安排得井井有条之后，它的收益能够随着更大的数据量而更快速地实现。如果你的公司较小，只有一种产品且直接面向消费者销售，那么将数据传输到机器可能就很简单：将数据导出到纯文本数据表格（.csv）文件再上传到机器。关键是，如果你想做个性化的营销，就必须获取尽可能多的以消费者为中心的数据。

准确描述如何继续构建你的数字化基础超出了本书的范围。而且，市面上已经有了不少关于这个主题的好书。大卫·L. 罗杰斯（David L. Rogers）的《智慧转型》（*Digital Transformation Playbook*）（2016年由哥伦比亚商学院出版）是最好的著作之一，马丁内斯·阿吉拉尔（Martínez Aguilar）和何塞·安东尼奥（José Antonio）的《数据优势》（*Data Advantage*）（2018年由亚马逊数字服务出版）是另外两本我们喜欢的书。在《数据优势》[5]中，作者这样说：数据和信息是做出决策和寻找机会的基本工具。你可以激活的数据越多越好，这不仅能改善你的公司，实际上也会创建更多数据。当然，拥有这些数据是取得进一步成功的先决条件，但你需要聪明地利用它才能获得这些好处。如果你的公司已经完成了这一步，那就太好了！在我们的祝福下，带着以客户为中心的数据进入第二步吧。

警告：公司从传统使用数据架构转变为"以客户为中心的数据架构"就可能要花费几年时间。即便你的公司已经开始收集数据，你也要意识到，你的公司及其技术团队可能需要一段时间（有时是几年）才能建立其数字化基础。

事实上，当谈到你公司的数字化基础时，是没有"终极"目的地的。一旦你有了一定的基础设施，能通过应用人工智能算法获得有意义的成果，你将继续完善基础，而这时又会有不同来源的数据、不同方式的存储以及由此产生的不同洞察。重要的是，要尽可能努力地建立你的数字化基础，以便你根据 AI 营销画布中描述的步骤开启有效的旅程。

在后文中，我们将研究"传统"数据架构与你将创建的以客户为中心的架构之间的区别。

传统数据架构与以客户为中心的数据架构

传统数据架构

大多数公司的传统数据架构侧重于报告实体（草坪和花园、体育用品、时尚），基本客户信息（姓名、送货地址、电子邮件地址）和销量，侧重于跟踪职能的绩效，如图 8-2 所示。该图可以体现大众消费品（Consumer Packaged Goods，CPG）公司的传统数据架构，数据的收集和存储由公司的不同职能部门完成，包括制造、零售以及财务与销售部门。如果你是文卡特桑创立的品牌超级肥皂（Super Soap）的营销负责人，正在寻找数据，而你的公司仅使用传统的数据架构，那么你（也许）可以使用以下数据类型。

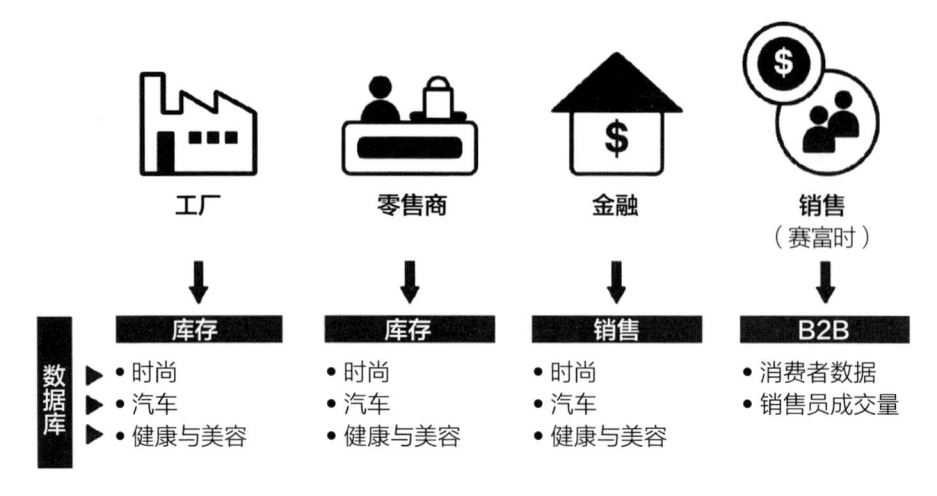

图 8-2 职能优先的方法

工厂可以为你提供有关每一款商品生产了多少，以及它们被运送到了哪些商店的数据。

零售商可以提供数据，例如他们在哪个类别中销售了多少超级肥皂以及他们在哪一天销售得最多。

财务部门可以告诉你本月销售了多少超级肥皂、你是否正在实现目标以及哪些产品表现良好。销售部门可以告诉你有关客户的信息（大卖场、百货商店等），但从传统的数据架构中无法直接了解购买这些产品的消费者。

- **以客户为中心的数据架构**

以客户为中心的数据架构要求跟踪消费者行为和偏好。作为数字化基础的一部分，你的公司应该连接所有相关的数据，这样你就可以使用它们来对消费者进行预测并让他们拥有个性化的体验。数据按客户个人进行组织，人工智能对数据进行高效分析处理，为每位客户生成实时、有创意的信息。这个过程如图 8-3 所示。

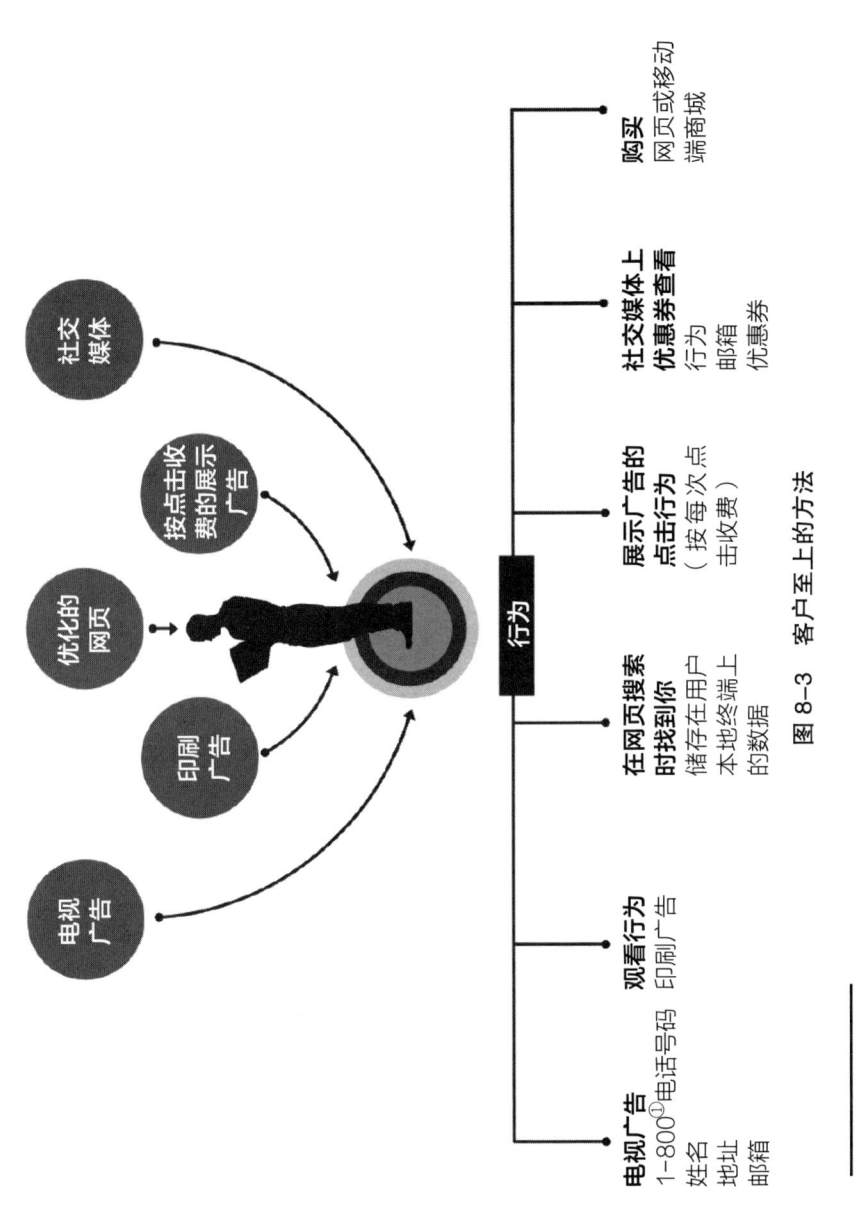

电视广告　观看行为　印刷广告
1-800①电话号码
姓名
地址
邮箱

在网页搜索时找到你
储存在用户本地终端上的数据

展示广告的点击行为
（按每次点击收费）

社交媒体上优惠券查看
行为
邮箱
优惠券

购买
网页或移动端商城

图 8-3　客户至上的方法

① 在美国各地厚厚的电话号码簿里，有一种电话号码以 1-800 开头，是为公众服务的免费电话号码（Toll-Free Numbers）。——编者注

在以客户为中心的数据架构中,作为客户获取过程的一部分,消费者会体验到多种形式的刺激。他们可能会看到你投放的电视或平面广告,访问你针对客户个人优化过的网站,在谷歌上搜索时看到优化后的广告,或者在社交媒体上了解你的品牌。假设由于某种形式的刺激,消费者采取了以下行动:

- 她拨打你在电视广告上提供的 1-800 号码。客服代表会回答她的问题并收集她的姓名、街道地址和电子邮件地址等信息。
- 她访问了你印在杂志广告上的网站,用她的电子邮件换取了一本讲洗衣技巧的免费电子书,而你则在她的浏览器上获取了储存在用户本地终端上的数据,以便随后向她进行二次销售。
- 她点击了展示广告,这再次为她提供了将联系信息换成更有价值的内容的机会。
- 她在社交媒体上看到你的广告:在她下次购买某肥皂时提供 1 美元的优惠券。她单击广告链接并填写自己的姓名、居住地址、电子邮件地址和其他个人信息进行交易以获得该折扣。
- 她使用移动设备访问你的网站,输入她的信息并开始订阅,以便每月将预定数量的某肥皂送到她家。

为了实现你所追求的一对一的个性化服务,你必须找到尽可能多的方法来跟踪和收集每个客户关系时刻中的客户数据。

如果你没有聚焦于客户的数据,这是否意味着你必须等待才能参与?不!你可能原本就可以访问某些数据,你只需要知道在哪里看。而你现在越落后,马上迈出第一步就越重要。你需要开始积累一系列数据驱动下获得的积极正向的结果。换句话说，就是要向公司证明必须获得什么样的数字化能力，同时也是在证明如果没有尽快将数字化大厦的其余部分准备好，公司会失去什么。

对"干净"数据的需求

你需要的是集中围绕客户关系中的至少一个时刻、以客户为中心的干净数据。如果你的公司仍在微调其数字化基础，你可能会发现你有很多数据，但它们都被锁在不同的系统中。即使你可以访问这些数据，它的价值也很有限，因为它不一定以客户为中心。没关系，这里有几个方法可以用来解决这类问题。

最好的办法是使用技术自动抓取的数据，这意味着它们是在没有人工干预的情况下收集的。如果由人工来负责输入信息，那么数据可能不一致。这是有问题的，因为如果要让机器学习，你提供给它的数据必须是干净的。

以下是可获取机器生成数据的一些途径：①程序化投放的广告（如双击数据）；②谷歌分析（自动记录谁在你的网站上做了什么）；③浏览器上储存数据的用户本地终端（跨平台的数字访问信息）；④谷歌分析的网页分析工具；⑤你的网站（记录产品订阅和直接销售信息）；⑥你的直销/直邮/产品目录团队的客户价值表（在这里，跟踪围绕着客户获取的刺激数据是最简单的，而且你知道他们是否购买，同时也为潜在用户创造需求和紧迫感）；⑦奥多比或中心点（Hubspot）（它将告诉你客户是何时访问网站的，进行了多少次访问，发生了哪些交易以及你在数字营销和展示广告、搜索等方面花费了多少钱）；⑧扎皮尔（Zapier）等客户关系管理系统；⑨赛富时等企业销售管理系统；⑩脸书和"油管"上的付费广告活动。

一旦你有了干净的数据，就要看看可以在哪里识别和抓取输入和输出的信息，并用这些信息提高对客户的认知，加强对他们的了解。在这里，你要想办法从公司现有系统中提取消费者数据，包括非结构化数据，如留在你的网站或客户服务数据库中的产品评论（可以使用降维等技术将非结构化数据转换为结构化数据，如第6章所述）。

如果你直接向客户销售产品或服务，则信息应该就在公司系统里。但是，如果你是向沃尔玛或亚马逊等分销商销售产品的大品牌，你从他们那里拿到的消费者数据的数量和价值将受到限制。这就是为什么你需要采用一种方法来直接识别消费者并与他们建立联系。你需要一种方法来跟踪他们的行为：他们是否访问过你的商店或网站，他们是否点击了你的广告链接等。基于这些数据，机器就可以用来预测和提供输出。

你可能已经用优惠券来交换客户的电子邮件地址以及其他信息；或用白皮书来获取客户信息；或通过移动应用程序提供实体店定位功能；或参与供应商的客户忠诚度计划并获得了访问数据的权限；或拨打客户服务部门记录的回拨号码，从而与第三方服务商数据进行匹配；或在销售柜台收集电子邮件地址和邮政编码，使用这些信息从第三方数据服务商处了解有关客户的更多信息。

注意：某些企业如保险公司、金融服务公司、酒店和航空公司，已经拥有相关的客户信息，因为这是它们业务的一部分。这些公司已经知道他们的消费者是谁，并且长期以来一直在收集有关客户的信息。因此，它们在这方面处于领先地位。

构建你的数据仓库就是找到干净的一手数据、二手数据和第三方数据的来源，做好整理，让计算机读取数据并用算法以光速进行处理，从而预测消费者的需求。在图8-4的简单示例中，你会注意到计算机不仅接收从网页浏览器收集的直面消费者的一手销售数据，而且还能一起处理从同一类别、非竞争品牌处获得的二手数据，此外还有从第三方数据库中获取的聚合数据。

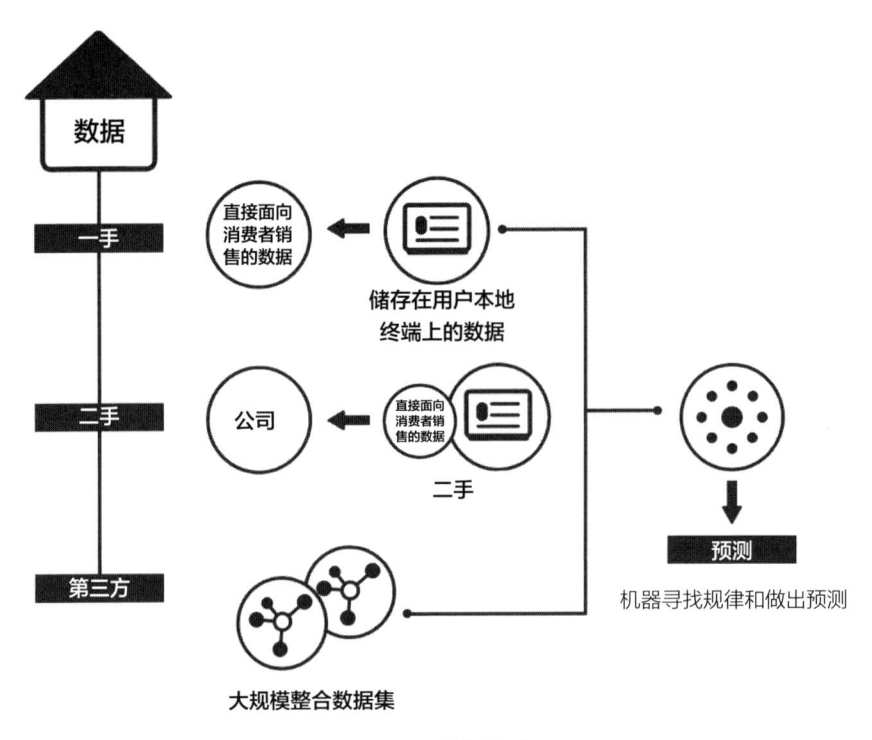

图 8-4　数据仓库

大家仔细看看不同的数据类型。

- 一手数据又称"直面消费者"数据，是你直接收集的当前受众的信息，这是最有价值的数据类型。一手数据通常是通过网站本地存储收集的网页数据，这是网站和客户关系管理二次定向的关键组成部分。收集一手数据的另一种非常有效的方法是客户忠诚度计划。一旦你积累了足够多的一手数据，机器将能够开始预测消费者未来的需要[6]。

- 二手数据是指来自另一家公司的一手数据，通常通过与服务同类客户的可信赖的合作伙伴交换数据而来。这对于扩展客户网络很有用。例如，如果你的公司销售婴儿服装，你可能会安排与销售婴儿肥皂的零售商交换数据，这样你们双方都将拥有购买同一品类客户的一手数据。
- 第三方数据是数据聚合商的产品，通常能从数据出版商那里大规模购买。这个数据集的好处是它非常大，缺点是每个人都可以使用它，因此不是唯一的。

第三方的分析工具可以提供细颗粒级的消费者行为数据，例如，网页浏览和客户偏好可以帮助你按产品细分客户，并了解他们喜欢什么。这对于目标受众的定位和客户的扩展也很有用。例如，你可以使用第三方分析来确定正在浏览三星显示器的消费者是否也在查看戴尔产品。服务商也可以在他们不拥有的网络资产上收集第三方数据。例如，服务商可能与体育网站达成协议，抓取访问该网站的用户留在本地终端上的数据，然后将该数据出售给消费品品牌自用[7]。

一旦你拥有足够干净的一手消费者数据，你就可以开始使用二手数据和第三方数据来增强人工智能和机器学习的营销工作，每个数据都为你提供了更深入了解这些消费者的不同机会。无论你现在身在何处，建立数字化基础的首要目标都必须是找到一种直接与客户联系的方式，以便你通过客户关系时刻跟踪他们[8]。也许用一个应用程序（如星巴克）或"直面消费者"的品牌（如美元剃须俱乐部、精灵床垫），就可以让你直接向客户销售。

关于数据收集和隐私的重要说明

在收集数据时，你要仔细考虑自己在做什么以及如何做，这一点至关重要。请注意，你必须遵守一些规则（具体取决于你收集的数据类型和地点），如《加州隐私法》（California Privacy Law）、《儿童在线隐私保护法》（Children's Online Privacy Protection Act, COPPA）、《通用数据保护条例》（General Data Protection Regulation, GDPR）或《健康保险流通与责任法案》（Health Insurance Portability and Accountability Act, HIPAA）。世界各地正在讨论和实施更多规则。请务必与你的法律团队核实，以确保你的做法完全合规[9]！

为此，除了规范"可以"做什么的法律法规，"我们应该"的范畴中还有许多其他机会，这些机会以伦理、道德和文化规范为指导。芝加哥大学经济学家理查德·泰勒（Richard Thaler）这样描述它："一个好的经验法则是，我们不应该强加一套会在道德上引起公愤的规则，即使这种愤怒在经济学家看来是愚蠢的……如果你以他人认为不公平的方式对待他们，那么他们会反过来咬你[10]。"

罗伯特·W. 帕尔马蒂尔（Robert W. Palmatier）和凯利·D. 马丁（Kelly D. Martin）在其 2019 年出版的《智能营销者数据隐私指南》（The Intelligent Marketers Guide to Data Privacy）一书中提供了一系列原则，这些是在营销时要牢记的、能帮助你有效实施隐私保护的原则[11]。根据两位作者的说法，负责任的客户数据管理的最佳实践依赖于与客户建立信任关系并确保数据安全。基于信任的关系则需要客户和你的组织（不仅仅是品牌）之间的交易是公平对等的。这个过程应该仅涉及收集用于为消费者提供价值所不可或缺的数据，同时为客户提供可用于监控公司如何使用其数据的工具，以及让客户享有不准公司使用其任何数据的能力或权利！

客户也很欣赏那些对他们提供的数据进行补偿的公司，如奖励或产品折扣以及免费使用信用监控服务来监控数据的使用，以此来确保他们的数据在不同公司之间被合理使用。为实现这一目标，数据隐私必须成为管理上优先级最高的事项。建立强大的数据安全流程，其中就包括跟踪和报告围绕客户数据安全和隐私的指标。这些事项还必须是主动维护的，而不是被动地去应付合规性的需求。

在当今的环境中，数据隐私是营销战略中的一项优势，因此需要好好面对。你的客户拥有让你在营销工作中取得成功所需的数据。你能否成功收集消费者数据取决于他们是否相信你会尊重、保护并负责任地使用这些信息。主动关注客户担忧的问题，有利于整个组织的利益最大化。

厚积薄发，本固枝荣

虽然在你的数字化基础完成之前，有很多方法可以向前推进业务，但如果"打基础"就是你"现在"的阶段，你能做什么和应该做什么是有限度的。在你准备好之前，跳入"下一步"即在你的流程完全自动化并且结构化分析和数据处理能力到位之前，就开始引入复杂的人工智能解决方案或其他技术[12]可能很诱人，但如果没有足够的干净数据，你将无法获得想要的结果。尝试管理不同的系统和合作伙伴关系时，你可能会面临许多不必要的复杂且混乱的情况，并且你可能会在此过程中浪费巨额资金。

干净的数据对成功有多重要？甚至谷歌图像也都需要依赖图网手工标记的干净图像数据训练它的机器去学习分辨不同图像（比如"这是狗还是拖把"）。在为写作本书做研究时，我们与一些大品牌的营销负责人进行过交谈，他们表示，出于种种原因，包括缺乏好用的、以客户为中心的数据，他们甚至没有考虑过用人工智能来辅助营销。如果你也这样，不要灰心。正视你公司整体的"数字化现状"，利用好你眼前有限的以客户为中心的干净数据开展工作。通过找到干净客户数据的来源迈出第一步，你仍然将处于领先地位，但是竞争对手会不断追赶你。

在下一节中，我们将通过研究联合利华公司来了解第一步的实践，联合利华是众多成功地建立了数字化基础的公司之一，这使其能够利用干净的消费者数据和人工智能在全球范围内推进其业务。

第一步的实践：联合利华

联合利华是世界顶级的消费品公司之一，年销售额超过 500 亿欧元，在 190 个国家和地区销售 400 个品牌，包括多芬、凌仕、家乐（Knorr）、立顿、舒耐（Rexona）、梦龙（Magnum）、美元剃须俱乐部、七世代（Seventh Generation）和其他很多品牌。其数字化基础采用了云平台（微软云，Microsoft Azure），该方法以"数据湖"为基础[13]。数据湖旨在保存、处理和分析结构化数据、非结构化数据和流式数据。数据以其原始格式存储，仅在需要时进行处理，这样效率更高，并能让工作人员更快地做扩展的操作。数据湖通常与传统数据仓库结合使用。在联合利华的业务中，至少有 4 个领域使用了人工智能：业务规划、生产制造、零售和分销商销售以及市场营销[14]。

- **业务规划**：销售和运营预测已经从回归分析和基于电子表格的预测（要求从分散在各处的系统中收集数据）演变为从中央存储库（数据湖）提取数据进行人工智能驱动的预测。联合利华公司全球首席信息官简·莫兰（Jane Moran）说[15]："我们正用这些工具生成一个数据目录，这有助于我们整个商业团体真正信任数据。信任是一件重要的事情，这让你的员工真正使用你提供的分析结果[16]。"

- 生产制造：利用配备传感器的机器的数据流，联合利华正在创建其工厂的数字模型。这种"数字孪生"策略使用机器学习和人工智能来分析来自互联设备的大量数据，以便工厂工程师可以进行调整并提高生产效率和灵活性，例如，预测正确的流程顺序以获得洗发水或洗涤剂最高效的批处理时间[17]。

- 零售和分销商销售：联合利华给到众多客户（零售商和分销商）的销售建议现已完全数字化，并使用人工智能在正确的时间以正确的价格预测正确的组合。

- 市场营销：联合利华正在使用人工智能、机器学习和语音相关的技术为其消费者平台（如"关于头发的一切"，allthingshair.com）提供个性化和沉浸式的体验。该公司还利用在线客户注册、消费者访问的第三方网站以及来自商店会员卡的数据构建自己的数据库[18]。联合利华还在自己的28个"人员数据中心"（People Data Centers）研发各种功能，这些数据中心提供自主编程、实时洞察和自主内容制作，以此来规模化实现其一对一营销推广的目标[19]，如其专有的实时媒体组合模型（Media Mix Model）。

似乎这还不够，联合利华还在其招聘过程中使用人工智能，据称这已经为面试和分析候选人节约了大约7万小时[20]。到这里，我们已经知道联合利华是如何在营销中利用第一步（打基础）所涉及的原则（见表8-1）的。然而，在它能够以这些高级的方式应用人工智能之前，必须打好数据基础。为了了解有关联合利华方法的更多信息，我们联系了首席数字和增长官兼家庭护理业务部总裁孔彭涛（Peter ter Kulve）。

表 8-1　AI 营销画布案例：联合利华

第一步：打基础（先决条件）	
通过收集业务中的一手数据逐步搭建数字基础设施。找到足够多高质量的数据，开始训练机器学习模型，赋能客户关系时刻。	
关键问题：	
我们是否有一手、二手和第三方提供的客户和潜在客户的数据？	在数字化平台上标记关于客户喜好的数据，以及媒体沟通记录。
收集数据的流程是自动化的吗？	是的，在获得客户同意后，奥多比帮助我们自动记录数字营销的内容和客户的反应。对所有零售商的促销支出使用数据也是自动记录的。
客户和潜在客户的结构化与非结构化数据，我们能用一致、可靠的方式储存吗？	是的，我们已经开发了具有奥多比操作界面的数据库。数据被集中存储在微软云平台上，作为一个统一的"数据湖"。
我们能将现有信息串起来得到对客户和潜在客户的一个完整描述吗？	我们可以获得客户在数字化平台上活动的全景视图，以及对数字营销内容的反应，但交易数据库是与零售合作伙伴一起的。
是否有足够多客户和潜在客户的数据以及足够长的时间跨度让人工智能和机器学习算法发挥作用？	是的，在像泰国这样的地方，我们可以获得来自约 7000 万消费者、跨越多年的历史数据。

孔彭涛表示，联合利华认识到通过数据驱动的预测可以更好地做出促销支出和零售折扣等营销决策。为此，联合利华采用了"一手＋二手＋第三方"数据的方式。它标记了所有媒体并将其全部关联回单个设备识别号。在尽可能多的情况下，将态度数据与交易行为数据相匹配。奥多比一直是联合利华实现这一切的关键合作伙伴。

与此相关的一个例子是联合利华一直在泰国——这个拥有约 7000 万人口的国家流行的社交网络连我（Line）上提供贴纸。在多芬的一项活动中，一组贴纸的下载量超过了 600 万次。这将客户信息添加到了联合利华的数据库中，该数据库现在收集了近 1/3 的泰国人口的消费数据[21]。这样的用户数据基数允许联合利华转向数据驱动的营销，并开始应用必要的人工智能和机器学习技术在客户关系中的每一刻进行一对一的个性化营销，尤其是在推出新的品牌或产品成分时。这反过来又会进一步强化联合利华人工智能的算法。孔彭涛将其描述为寻找"价值口袋"，即在业务中更好的决策能带来更好结果的领域。

无论你的公司在数字化基础建设中处于什么阶段，都必须先找到前进的方法。因此，找到干净数据的来源，开始行动吧！开始使用人工智能的过程将使你能够向管理层展示人工智能和机器学习的潜力，并可能有助于推进你公司整体的数字化转型进程。

在下一章中，我们将阐述如何利用第三方人工智能驱动的工具为现有的营销活动提供一些快速学习的能力，并采用敏捷的方法将人工智能和机器学习引入公司，从而获取竞争优势。

检查清单

- 拥有以客户为中心的数据库或对干净数据源进行访问。
- 针对每个单一客户能够在至少一个客户关系时刻不断跟踪。
- 能够在合规的情况下使用数据。
- 拥有维度丰富且足量的数据，保障人工智能算法的应用。
- 关注"现在"的状态，而不是急着进入"下一步"。

总结

- 第一步：打基础（先决条件），通过收集整个业务的一手数据，构建数字化基础架构。寻求足够数量的高质量数据来训练机器学习模型、增强客户关系时刻。
- 打基础在于培养看数据的能力，观察在不同时间点上客户在每一个关键时刻上的行动，组织这些数据以便机器可以使用来学习和预测客户需求。
- 第一步由自动化的基本流程、结构化的分析、集中的数据处理流程以及可靠的数字基础架构（包括相互联通的数据库和数据质量品控流程）组成。
- 除了不同部门内部的数据（传统数据架构与以客户为中心的数据架构的不同），要开始跟踪客户行为和偏好。
- 寻找干净数据的来源。你最好的选择是由谷歌分析、网站订阅和直面消费者的销售信息、客户价值管理表和客户关系管理系统等机器生成的数据。
- 通过用优惠券或白皮书换取客户的电子邮件地址、参与忠诚度计划或在客户服务电话中询问回拨号码等，找到直接与消费者联系的方法。
- 将一手数据和二手数据与第三方数据相匹配，形成完整的客户画像。
- 践行良好的数据隐私管理。

　　打基础这步非常关注"当下"的状况，请让你的数据仓库井井有条。进入"下一步"要谨慎。

第 9 章
第二步：做实验

你不再需要做到完美才能获得成功。你需要的是快。

——孔彭涛

联合利华公司[1]家庭护理部总裁

掌握一手数据后，你就可以开始学习如何用人工智能和机器学习来帮助自己在第二步实施营销计划（见图 9-1）。

任务概述

在第二步中，你的目标是获取数据并应用第三方或服务商的人工智能工具赋能，进行快速学习并在一些营销活动中获得正反馈。图 9-2 展示了第二步的工作流程和相关事项推进的路线。

组织预算

你的首要任务是调整现有预算，在营销上将预算安排从以人为主导的工作转移到以人工智能为主导的工作上，推动建立一系列小型人工智能"臭鼬工厂"（Skunk Works）或研发中心。你也可能已经为这项举措储备了

| 第五步 |
| 第四步 |
| 第三步 |
| **第二步** |
| 第一步 |

AI 营销画布				
	人工智能获取	人工智能留存	人工智能增长	人工智能推荐
第二步：做实验 用第三方和服务商提供的人工智能赋能的工具来快速地学习，在客户旅程的单个客户关系中获得正反馈。				
关键问题： • 个性化的价值口袋有哪些？ • 数据在哪里？ • 我先聚焦解决哪个客户关系时刻？ • 哪家服务商有合适的人工智能工具？				

图 9-1　AI 营销画布的第二步

一些预算，这样就不用再向公司兜售你的计划来获取预算支持，你可以开始测试，收集案例，看看人工智能和机器学习对你的营销会产生什么影响。

　　确定预算后，下一步就要识别以下三个内部流程，这将指导你实施人工智能和机器学习实验：①找到干净的客户数据来源；②识别价值口袋；③选择服务商。

图 9-2 任务概述

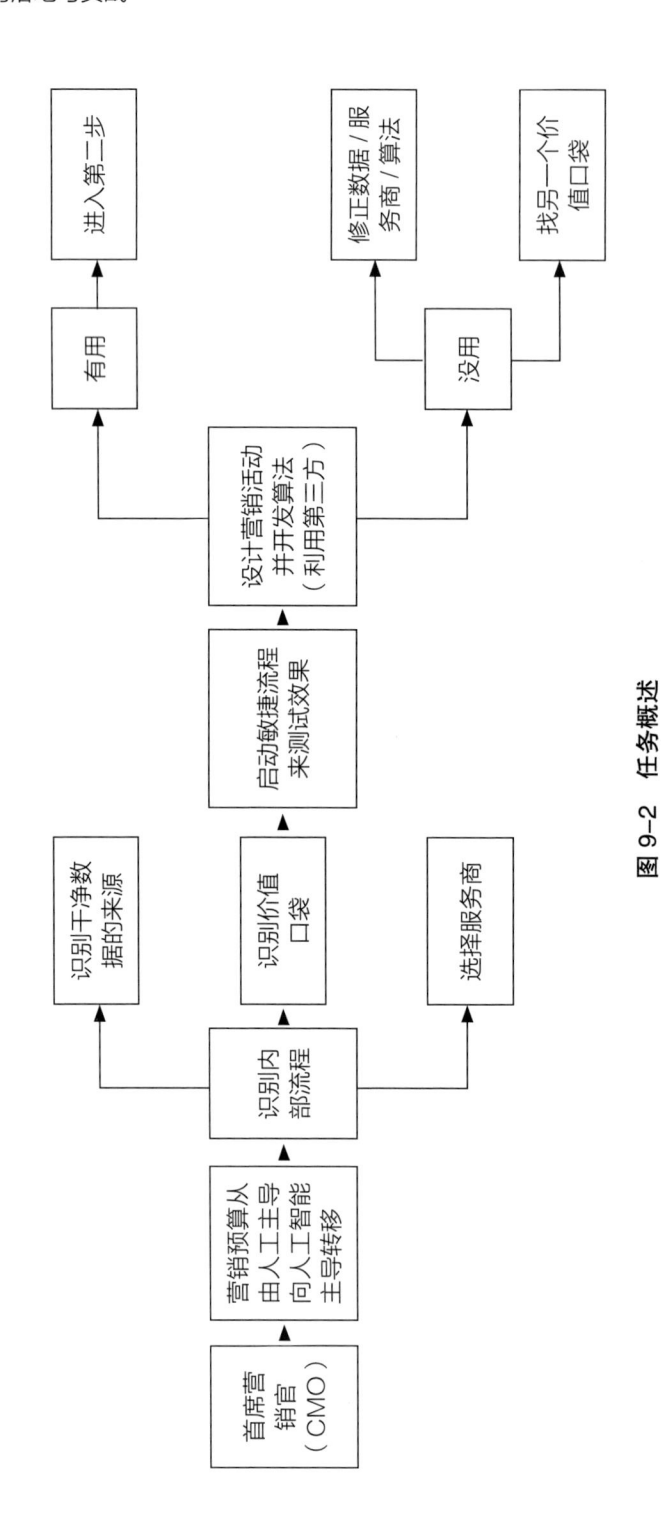

识别干净数据的来源

如果你的公司拥有扎实的数字基础和大量干净可用的客户数据，你可以跳到下一部分。如果没有，这里有一些潜在的待办事项：

- 联系公司负责程序化广告投放的销售人员，向他们索要系统所收集客户信息的原始数据格式文件。
- 安排与有权访问你的品牌网站后台的谷歌分析相关人员会面，了解他们正在收集哪些数据。
- 联系你网站的数据库管理员，了解产品订阅信息、储存在用户本地终端上的数据和直销数据的内容和数量。
- 联系你的直销/直邮/产品目录投放团队，让他们跟踪客户消费情况并向你发送有关客户获取阶段刺激数据的报告。
- 与你的奥多比或中心点客户主管联系，请他们向你提供他们收集数据的情况。
- 与销售部门会面，了解他们的客户关系管理系统或企业销售管理系统是否正在收集客户数据。
- 与在脸书、"照片墙"、"油管"或其他社交媒体上开展付费广告活动的服务商会面，了解他们正在收集哪些数据以及从何处收集数据。

你从哪种类型的人工智能和机器学习项目开始将取决于你可用的数据类型和数量。如果你有幸访问大量干净的一手消费者数据，那就太好了。但是，如果你能处理的干净消费者数据有限，请先在数据质量足够的情况下使用人工智能和机器学习。

识别价值口袋

无论如何，你的第一步是确定需要改进的领域。它可能只是一个活动中的一个产品中的一个客户关系时刻。在某一个客户关系时刻（或某一时刻的刺激）中选择一个待解决的问题、潜在的机会或者值得优化的流程，让数据驱动的预测和个性化体验为消费者带来价值。联合利华公司家庭护理部总裁孔彭涛将这些机会称为"价值口袋"。

寻找价值口袋，也就是数据和机器学习可以解决的问题，然后选定有能力帮助你做到这一点的服务商。与该服务商（新的或现有的）合作开发一些短期的实施计划，从实验中快速学习。当我们说快速时，意思是在一个季度（最多六个月）内完成。

例如，当百威公司（Budweiser）希望通过中文电子信息发送平台、社交媒体和移动支付应用程序"微信"吸引用户时，它利用"理解实验室"（RikaiLabs）使用名为"迷你机器人"（MiniBots）的微信小程序创建了一个品牌自己的人工智能聊天机器人。小程序是微信应用程序中内置的给品牌方使用的应用程序。迷你机器人结合了聊天机器人和应用程序的功能，创造了丰富的用户体验[2]。要评估每个潜在的机会，找到价值袋，问以下问题会很有用：

- 在这个客户关系时刻，我是否有关于客户偏好的数据？
- 客户是否会认为根据他们偏好实施的个性化关系时刻是有价值的？
- 该应用程序对此有何贡献？
- 该应用程序可以提供哪些新的客户洞察？
- 该应用程序如何解决客户的痛点？

请记住，你还不是要在所有客户关系时刻或营销组合中全面实施该应用程序。这将在以后出现。目前你只需要对刺激或单个客户关系时刻做到快速学习，这样你就可以建立一个个成功案例，证明人工智能和机器学习能够在你的公司中发挥作用。

选择服务商

最后一步是与你现有的营销服务商、代理机构会面，盘点哪种人工智能已经部署实施，还有什么可用但暂未实施的技术，你或者你的服务商已经有了哪些客户数据，然后针对具体的痛点、对客户的价值或值得变革的机会点，寻找新的合作服务商，他们的技术可以推动你完善这些领域。表9-1作为检查清单，可以帮助你组织与服务商对话：首先是你现有的、优先使用的服务商，然后是你通过推荐或在线搜索确定的潜在新服务商。

注意：让更多人使用更多新功能，这符合服务商自身的最大利益，因为更多人使用更多新功能意味着他们可以与其他人讨论更多结果。如果他们只是简单地为你打开附加功能，你可以提出一个强有力的理由，即不应该有额外的成本，除非你添加或更改现有项目的范围，这才会是一种选择。我们建议以这种方式开始的原因是希望你尽早亲力亲为。因此，当你上传数据、开启功能、尝试新应用时，注意过程中会发生什么。虽说如此，也请记住，机器需要时间来学习，因此不要指望你的下一批电子邮件推送或广告词能马上实现比你手动（人工）方法更好的结果。

事实上，当使用谷歌的"智能竞价"（Smart Bidding）功能时，在机器学习的过程中，在短时间内看到更糟糕的结果非常普遍。遇到这类情况时请坚持到底，让机器自己学习。如果你对这个实验有"立刻改进现状"的期望，你会过早地放弃。你可以试试询问你的服务商多久才能从他们的人工智能驱动技术中看到更好的结果。

表 9-1 服务商检查清单

	客户数据（类型/数量）	有人工智能解决方案吗	科技的效果如何体现：减少痛点 增加客户价值 更加稳健	测试与其他细节	结果	扩张与规模化的计划
现有服务商						
比如, ABC 公司						
	客户数据（类型/数量）	有什么样的人工智能解决方案	科技的效果如何体现：减少痛点 增加客户价值 更加稳健	测试与其他细节	结果	扩张与规模化的计划
新的潜在服务商						
比如, XYZ 公司						

一种新的工作方式（敏捷）

这个转变可能挑战挺大的。你很可能接受过一个关于本垒打[1]、天才创意和控制的系统培训：一个赢得超级碗的商业广告，一个完美的专属软件系统。你还从许多渠道（甚至可能是直接经验）中了解到，应该不惜一切代价避免失败，即便只是即将失败的表象。好消息是，数字营销打开了一个可以容纳"测试和学习"新方法的口袋。然而，当谈到人工智能和机器学习时，测试和学习的文化更是必不可少的。事实上，完美主义是现代营销新世界中失败的重要原因之一。要想赢，你不仅要冒一些可评估的风险，还必须快速行动。

接纳"敏捷"组织。敏捷的工作方式起源于软件开发，但这一理念越来越多地被应用到不同学科，用以提高营销、产品开发等方面的改进速度。在实施敏捷的公司中，重点是在持续数周而不是数月的"冲刺"中不懈地进行小幅改进，实现累积，最终带来巨大的增长。秉持小团队工作的原则，设计、测试、快速反馈、持续改进，最终为客户创造最佳效果。事实上，传统的"瀑布"（waterfall）方法和敏捷方法之间的最大区别之一是，这个过程中客户的角色不仅对计划的成功非常重要，而且是必不可少的[3]。

你可以阅读几本非软件开发领域的关于敏捷方法应用的书籍，它们应该会是一个很好的起点，如马特·勒梅（Matt LeMay）所著的《人人都能学会敏捷》（*Agile for Everyone*）、艾利·高德拉特（Eli Goldratt）所著的《目标》（*The Goal*），《目标》的优点在于它是本轶事集，这使得新概念更容易被理解[4]。

---

[1] 棒球比赛用语。本垒打是击球队员一次击球后，安全通过一、二、三垒最后返回本垒的合法击球。——编者注

设计营销活动和开发第三方算法

你的服务商伙伴和直接上游供应商是相关领域的专家，他们可以帮助你和你的团队确定他们的技术如何在客户中发挥作用，帮你更好地理解人工智能和机器学习在增强客户关系时刻的潜力。激励你的内部员工与这些专家合作：将他们的算法应用于你收集的干净数据，先针对一个客户关系时刻（获取、留存、增长和推荐）在尽可能多的，以及任何一个你想要开展预测的渠道（电子邮件、登录页面、横幅广告文案）上试验人工智能和机器学习的应用效果。然后以不同于人工主导的方式跟踪你的结果。

请记住，此时你还没有要求任何额外的预算或额外的人员支持。你只是在使用现有预算并使用它来运行人工智能和机器学习实验，从而可以依据结果让你比较新旧两种不同方法的效果。找到亮点，想想你在哪里得到了提升，具体有什么改善，然后问自己："这为什么成功？我们如何在更多的场景中应用它？"

警告：事情是否奏效并没有一个简单的定论。开展实验时，你需要确定是否要衡量一系列的目标，如投入产出率、客户终身价值、品牌资产等。实验是否有效取决于上述的衡量指标。

你需要了解的第一件事是你的服务商是否真的可以提供个性化服务。你会想要看到证据——基于客户数据，服务商的人工智能功能确实可以向客户提供个性化消息和产品。一旦实现了个性化，看看它是否对客户确实产生了影响。例如，你可以观察通过推荐算法开展个性化电子邮件推送进行交叉销售活动的成功率。

一旦你通过一个活动取得了成功，那么重复开展这个活动，看看你是否能获得持续的收益。一定要衡量你一直在做的事情与在人工智能和机器主导后结果的差异，将此视为对照组（A/B）测试或"挑战者与冠军"

（challenger-versus-champion）的方法。你需要密切跟踪这些活动的结果，因为这些结果将作为你向管理层提出资金和运营预算的依据，资金和预算将为你第三步的活动注入活力。

以下是进入第二步的一些简短示例。

第二步的案例

- 摩根大通（J. P. Morgan Chase）正在通过使用人工智能和机器学习来优化其数字广告和直邮的投放，从而提高获取客户的效率[5]。

- 起亚全明星（Allstar Kia）正在通过人工智能驱动的聊天机器人增强"获取"这一客户关系时刻，使潜在客户能够直接与其对话助手聊天[6]。

- 小抄本（Checkli）是一家清单统计分析系统提供商，它通过使用人工智能优化电子邮件，提高其移动应用参与度并减少系统对垃圾邮件的报告，从而提高客户留存率[7]。

- 阿拉斯加航空公司（Alaska Airlines）正在通过使用第三方人工智能应用程序为其客户定制移动体验来提高留存率[8]。

- 红帽（Red Hat）是企业开源解决方案提供商，它通过使用第三方人工智能搜索，不断优化其网站上展现的内容来提高留存率。通过让客户快速找到最相关问题的答案，实现更多续订[9]。

- 倭黑猩猩（Bonobos）是一家在线男装公司，它与第三方人工智能驱动的客户行为平台建立了长期合作关系，针对表现出特定在线浏览行为的客户进行实时广告定位。该合作伙伴的算法能动态调整潜在客户与目标客户群的标签，以达到最佳匹配，实现成交（获取、留存和增长）[10]。

请记住，画布不是成绩单而是一个游戏板，其目标是点亮尽可能多的方格——这样你就可以获胜。

现在，让我们重新审视上述品牌示例摩根大通，以便你更好地了解第二步的应用。

第二步的实践

不久之前，客户对摩根大通金融服务品牌体验的认知仍旧是：通过免下车窗口或在银行内的柜台前，排队几分钟后，与银行柜员进行一对一交易。根据客户的需求和他们持有的账户类型，他们可能会被转介给银行高管讨论额外的产品。这里的关键是，品牌体验的质量主要取决于这些个人触点的接待技巧。

如今，大多数人都在网上办理银行业务，因此摩根大通的品牌体验主要通过客户所能看到的广告来实现。摩根大通在广告上花费了大量资金——每年约50亿美元[11]，这无疑是他们成功的一个重要因素。为了了解人工智能是否可以提高客户对其广告的参与度，2016年，摩根大通与人工智能营销技术公司佩尔萨多（Persado）合作，从信用卡和抵押贷款业务开始了一项试点计划。此后，该技术已经实现跨平台扩展应用[12]。

摩根大通首席营销官克里斯汀·莱姆考（Kristin Lemkau）在一份新闻稿中表示[13]："机器学习是企业让营销更加人性化要经历的过程。"她还表示，该技术"重写了文案和标题，写出了营销者用主观判断和经验写不出的内容。它起作用了"。摩根大通表示，由佩尔萨多的机器学习创建的广告比人类编写的广告表现更好，点击它们的客户比例更高——在某些情况下是两倍以上。差异可以很简单，就像选择什么词会引起客户的共鸣一样简单。佩尔萨多技术使用数据科学和人工智能生成创意内容，呈现被证明对个人客户和目标客户群最有吸引力的信息[14]。科技界对媒介和媒介的布局也很着迷：这个广告出现在哪里？这很重要。但是，如果内容不是最佳的，广告就不会那么有效，并且会浪费金钱和错过让客户喜爱品牌的机会。

佩尔萨多的"消息机器"（message machine）为摩根大通提供了一个先进的营销语言知识库，其中包含超过 100 万个被标记和赋值的单词和短语[15]。该机器能生成展示广告，随着时间的推移，它会学习到在什么情况下，什么类型的语言和什么情绪有效。然后可以与内部或代理创意团队共享该信息，并将其添加到创意海报中。摩根大通使用佩尔萨多消息机器为其办卡和抵押业务重新起草了营销内容。它扩展了佩尔萨多技术的应用，为个人银行业务、家庭贷款和财富管理部门的直销活动生成内容副本，同时也生成供展示广告和脸书广告等数字广告使用的创意构思[16]。他们还希望在内部沟通和客户服务中使用类似技术[17]。

前佩尔萨多首席营销官、现技术咨询公司耐火砖（Firebrick）的首席营销顾问范·迪亚曼达基斯（Van Diamandakis）表示："品牌成功地将人工智能和机器学习应用于其业务的一个好方法是从一个实际案例开始，并与专业的、有成功案例的人工智能技术服务商合作[18]。"在这一背景下，摩根大通在 2016 年开始进行定义明确的试验，并在企业范围内扩展了佩尔萨多的应用，这得益于业务成果的持续交付。以下是我们对摩根大通金融服务公司在其营销中利用第二步"做实验"里相关原则的看法。

摩根大通的 AI 营销画布

你在第二步"做实验"中的工作是获取干净的客户数据并聘请专家介

入,将他们的人工智能和机器学习技术应用于这些数据,以便在至少一个客户关系时刻中获得一两个目标价值口袋。使用这种第三方人工智能和机器学习技术更充分地了解客户及其偏好,将能提高你提供个性化服务并与客户随时有效沟通的能力。表 9-2 为摩根大通的 AI 营销画布应用情况。

表 9-2　AI 营销画布案例:摩根大通

	人工智能获取	人工智能留存	人工智能增长	人工智能推荐
第二步:做实验 用第三方和经销商提供的人工智能赋能的工具来快速学习,在客户旅程中单个客户关系中获得正反馈。	机器生成的个性化数字广告和邮件			
关键问题:				
个性化的价值口袋有哪些? 数据在哪里?	客户搜索数据、客户浏览历史,以及客户搜索前供点击的展示页面			
我先聚焦解决哪个客户关系时刻?	先聚焦客户获取			
哪家服务商有合适的人工智能工具?	客户搜索数据、客户浏览历史,以及客户搜索前供点击的展示页面			

现在你已经有了一些"旧方法"与"新方法"的对照结果，这些结果表明人工智能和机器学习不仅可以在至少一个客户关系时刻为你的客户创造更多价值，而且可以提升你的品牌知名度，至此，你已经做好了进入下一阶段的准备。

在下一章中，我们将研究如何将你在第二步中取得的胜利扩展到更多的客户关系时刻，或者更深入地研究你已经在第三步中所做的工作。

检查清单

- 选择几个你想要改进的客户关系时刻，也许在一个活动中的一种产品上只有一个时刻。
- 确定已经为此构建了基于人工智能的系统的合作伙伴或服务商。它可能是当前你已经在用的服务商，也可能是你新选择的服务商。
- 将部分预算从"以我们一直以来做事的方式，以人为主导的方式"转移出来，并将其用于测试这种"以机器为主导的新方法"。
- 耐心地运行几个周期或"尝试"你选择做的任何事情，以确定是否可以看到效果。
- 创建一种跟踪测试结果的方法，以便你将人工智能和机器学习在营销方面的价值传达给管理层。

总结

- 第二步：做实验。哪些营销活动可以通过人工智能实现快速学习？使用来自第三方和服务商的人工智能工具，在一些营销活动中获得一些快速的学习和成效。
- 从小处着手，专注于快速学习。
- 寻找亮点，然后尝试复制它们。
- 这是一种需要不同技能的新型的工作方式，因此请准备好应对这种变化。
- AI 营销画布的不同步骤不是成绩单，它们只是"画布"游戏板的一部分，旨在帮助你充分利用现有资源。

第 10 章
第三步：扩场景

借助人工智能和机器学习，不断发现人类（营销者和客户）与机器各自的优势。随着人工智能生态系统实现了越来越多能力的自动化，机器优势的边界不断拓展，机器开始拥有曾经被认为是人类所独有的能力。

一旦你能证明人工智能驱动的营销确实可以对你的业务产生重大且积极的影响，那么下一步就是加大赌注来彻底转变你的营销。

——埃德·布雷奥（Ed Breault）

艾普默公司（Aprimo[1]）首席营销官

在第三步中，随着你开始扩大市场营销活动的规模，你将依赖人工智能和机器学习的经验在至少一个客户关系时刻为客户创造价值，并为你的团队提供市场洞察（见图 10-1）。你在第三步中的主要任务是：扩展你在第二步中已实验和证明的机器学习的应用，或者更深入地进入某一个客户关系时刻，或者将其扩展到相邻时刻，数据驱动的预测和个性化将增加对客户的价值。

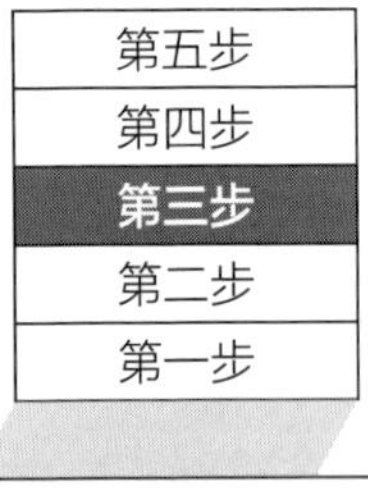

	第五步
	第四步
	第三步
	第二步
	第一步

AI 营销画布				
	人工智能获取	人工智能留存	人工智能增长	人工智能推荐
第三步：扩场景 在更广泛的营销活动中应用人工智能。协调各方资源，发展内部开发能力。				
关键问题： • 我是继续深耕某一个客户关系时刻，还是进入下一个？ • 在公司内部的不同职能上我的核心成员有谁？				

图 10-1　AI 营销画布：第三步

先问以下两个问题：

- 其他哪些营销流程可以开始自动化？
- 你能否将其扩展到其他产品、部门、地区、活动中？

如何进入第三步将取决于你公司的规模和结构以及你自己角色的边界。如果你在疑惑，是的，你确实可以在某个客户关系时刻进入第三步，但在其他时刻进入第一步或第二步。在你继续将人工智能和机器学习应用于其他客户时刻之前，也无须一路向上完成所有步骤（比如，在获取时刻完成第一至五步）。

请记住，这是一个"游戏板"，其目标是在时间和资源允许的情况下，尽可能快速地推进每个客户关系时刻。到了第三步，你手上不仅有一堆人工智能和机器学习的盘子在旋转，你还在培养组织内外的关键关系。图10-2提供了一个流程图，让你对所需发生的事情有一个大致的了解。让我们把它拆开看看。

任命一个人工智能营销斗士

人工智能营销斗士将监督你所有的人工智能和机器学习营销计划，并作为营销和数据科学之间的翻译者发挥作用。这位"营销技术专家"不仅要了解数据和营销，并对人工智能和机器学习所能创造的可能性感到兴奋，还要有一些技术背景，包括一些基于敏捷的软件项目管理经验。在这个角色中，人工智能营销斗士将作为你所有"人工智能和机器学习营销"上的倡导者，并与内部员工合作，强调这些举措对你和你公司的重要性。此外，他们将确定资源，建立服务商合作关系，并寻找价值洼地。他们还将帮助你创建一个个成功的商业案例，让你在各个部门推广你的营销理念，让大家朝着你想要的方向努力，并最终向管理层争取额外的资源（资本支出和运营支出）。在技术方面，人工智能营销斗士将对敏捷的过程和算法的实施进行管理。当时机成熟时，他们将帮助你权衡利弊：是利用内部资源投资搭建算法模型，还是聘请外部战略合作伙伴。

虽然人工智能营销斗士领导、协调和推动事情向前发展，但每个人都有责任加入，而你则有责任建立强大的人工智能营销团队冲锋陷阵。

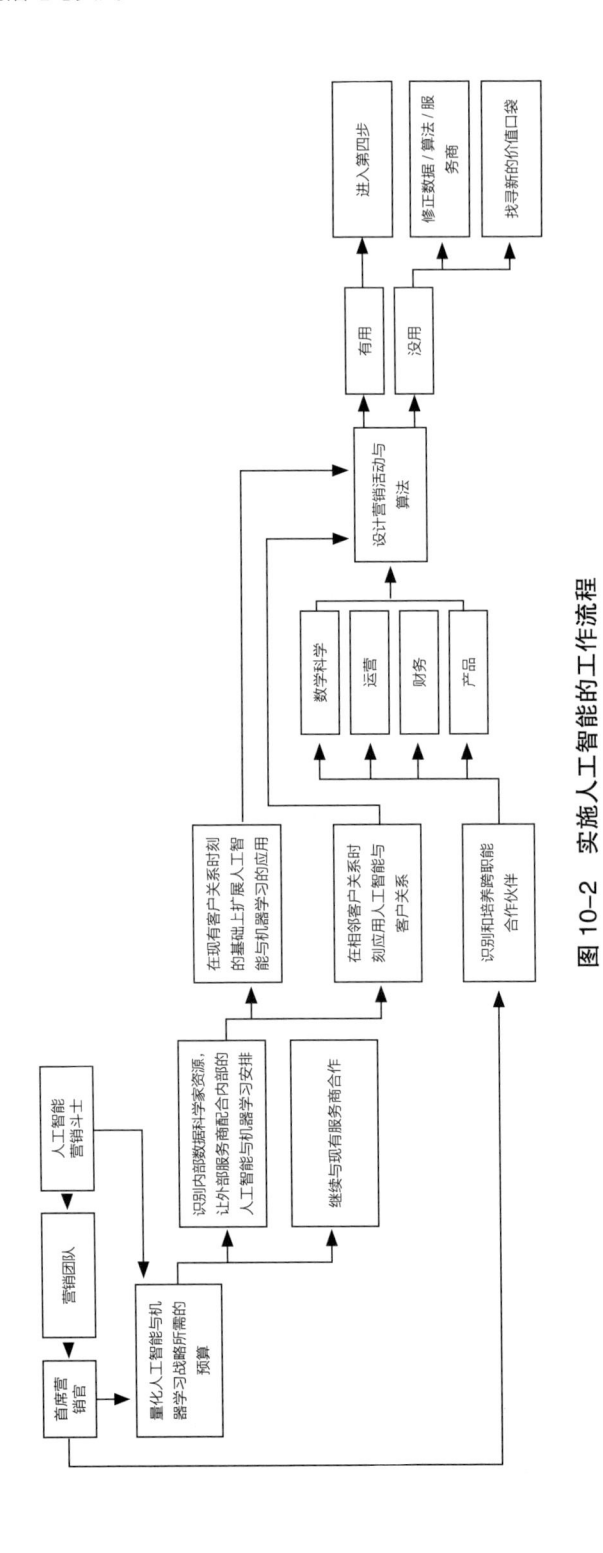

图 10-2 实施人工智能的工作流程

发展人工智能营销团队

如果你一直鼓励员工在第三方服务商的帮助下，选一个客户关系时刻构思并参与做实验，这很好。然而，要成为一个由人工智能优先的营销团队，你需要将这些一次性实验扩展为团队举措，将一次性的实验变成多次的实验，在每个人都能看到的仪表板上跟踪"新方法与旧方法"（new-way-versus-old-way）的结果，并记录下来。

通过这个过程，你将开始把你的人工智能和机器学习营销工作从营销战略的外围转移到中心。了解每个人的实验发生了什么将成为你每月会议议程上的一个常设项目。此外，现在新选用服务商的过程将被标准化，工作流程也会建立起来。目标是将人工智能在营销中的应用嵌入你的部门架构中，同时让你的努力获得整个公司关键利益相关者的认可。

所有这些变化——新的更具协作性的工作方式、新的技能组合以及新的领导方法，都意味着你可能会发现自己已经在深入管理一个相当重要的文化转变。这将需要你部门的人：

①有容忍失败并快速从失败中吸取经验和教训的意愿和能力；②协作并分享最佳实践和学习经验，让团队变得更聪明；③接受自己生活在一个持续学习的世界中的现状。为此，你可以将团队成员送到人工智能会议学习（你付费）、鼓励他们购买和阅读人工智能营销书籍（你付费），以及引入外部演讲者和专家分享他们在人工智能营销方面的经验（午餐和学习费用由你支付）。

详细描述如何管理必要的组织变革超出了本书的范围。但在第14章中，我们将提供一些指导，说明如何考虑这个问题，以及在开始这个过程中需要注意什么。现在，你只需知道关键问题是内部企业文化的构成，这将影响你在 AI 营销画布上有效地向上提升的能力。

量化影响和制定预算

这个阶段每个人的努力都需要集中在对新方法与旧方法的营销投资回报率的量化上。这些来自可靠商业案例、有形且可重复的量化结果是你用来获取更多资源支持人工智能和机器学习驱动营销举措的证据。你需要努力创建这个证据体系，因为最终你要依赖管理团队的投入，但是人工智能并不是他们能很自然地理解的做事方式。在这个过程中，你也将开始战略性地确定在哪些地方减少对服务商和他们模型的依赖。要做到这一点，你要确定内部拥有的数据科学资源，让他们设计一些机器学习模型，并在内部开展一些实验。

对于合作效率较高的领域，你可以继续这些合作，并将合作伙伴优中选优，他们做自己最擅长的事情，这样你就可以专注于确保客户从你的实验中体验到最大价值。比如 DTC 品牌新秀美元剃须俱乐部（已被联合利华收购）和哈利剃须刀（几乎被埃奇韦尔个人护理公司收购）。创始人有品牌和愿景，但从物流、制造到店面，再到产品交付，都由品牌主协调和管控的专家服务商执行[2]。

至关重要的是，通过将人工智能和机器学习生成的实际结果与你之前所做的进行比较，你可以证明自己一直在做的事情不仅投资回报率为正，而且拥有值得额外投资的巨大潜在战略性机会。我们推荐的指标是营销投资回报率（Marketing Return on Investment，MROI），其计算方法为"用归属于一组特定的营销举措（扣除营销支出）的财务价值，除以对该组举措'投入'的营销成本或风险[3]"，即营销投资回报率 =（营销产生的增量财务价值 − 营销成本）/ 营销成本，使用营销投资回报率显示你的人工智能和机器学习计划产生的增量财务价值，并将其与你当前使用最佳方法所生成的营销投资回报率进行比较，两者之间的区别在于机器优先的行事方式带来的"净提升"（net lift）或增量影响。

内部人工智能和机器学习活动

随着人工智能工作扩展变得越来越定制化，你可能不希望永远被第三方服务商束缚。在第三步中，你要寻找利用公司现有的数据科学能力在内部自主实施的方法。这里的目标是扩展你的内部能力，使用当前服务商提供的"黑匣子"功能之外的数据并从中获得洞察力。

"数据科学即服务"（data science as a service）这一新趋势是建立内部能力的一个好入口。除了仅仅依靠第三方服务商或聘请你自己的数据科学家从头开始构建自己的模型，市面上还有许多"即插即用"的解决方案允许你导入现有数据并应用"现成的"（off-the-shelf）的人工智能模型。用于营销应用程序的"数据科学即服务"机器学习解决方案的两个示例是交互实验室（Intersect Labs）和艾博（Aible）。两者都提供如画面（Tableau）和赛富时等流行数据工具的集成，使营销者能够快速轻松地进行预测并在内部运行"假设"场景。开始使用这些解决方案所需的只是你的数据和营销分析师的一点时间，但是，如果你可以在内部与数据科学家协作，你就能更进一步地让他们使用机器学习库（libraries）组装你自己的模型和应用程序。

例如，谷歌有许多以机器学习库形式存在的"现成"人工智能驱动的解决方案，它们类似于网站代码库或插件。例如，如果你的网站需要倒数计时器，你不用从头开始构建它，你可以下载一个插件到你的网站主题，对其进行自定义，然后将其打开。同样地，机器学习库可以进行定制，以协助进行视觉分类、搜索［张量流[①]（Tensor Flow）］和产品推荐［亚马逊个性化（Amazon Personalize）］等[4]。同样地，你可以从IBM"沃森"获得词源，"沃森"会抓取网页以及所有维基百科的内容，因此有语料库可供学习。这意味着你可以选择自己需要的部分，然后根据你的需要对其进行调整或扩充。"你"是指一些知道如何引入和配置这些解决方案的开发人员和数据科学家。

作为此过程的一部分，你希望寻找使用人工智能和机器学习来进一步增强现有客户关系时刻或开始将其应用于相邻时刻的方法。这里有几个例子来说明每种做法是什么样的。

赋能现有客户关系时刻：沃比·帕克

沃比·帕克（Warby Parker）最初是一个网站，它提供比传统眼镜零售商更具性价比的替代品，其最初的模式是向客户寄送五副镜框，让他们在自己家中随意试戴。它正在使用机器学习来鼓励更多的客户参与进来：他们会向浏览该网站但未购买就离开的客户发送个性化消息[5]。沃比·帕克还通过其新推出的虚拟试用应用程序更深入地了解其获取客户的时刻。拥有苹果第十代手机的用户现在可以选择使用沃比·帕克新研发的增强现实应用程序来尝试虚拟镜框。此应用程序将计算机生成的框架图像叠加到你的脸部图像上。苹果的脸部身份认证功能（Face ID）会创建你的脸部图像，允许该工具推荐它认为最好看的镜框，并为你提供三维预览（客户获取）。

在客户留存方面，沃比·帕克还使用机器学习来处理客户数据，用以确定新零售店的最佳定位[6]。而且，根据其2018年的可持续发展报告，"最

[①] 谷歌公司开发的开源库，是一个基于数据流编程的符号数学系统，被广泛应用于各类机器学习算法的编程实现。——编者注

先进的机器学习系统会自动分析系统收到的客服邮件主题,并将它们转给合适的客户体验专家",使公司回复客服邮件的速度比以前用手动系统时快了 60%[7](客户留存)。

将人工智能和机器学习扩展到相邻客户关系时刻:沃尔玛

当客户打开沃尔玛应用程序时,它会显示一个页面,其中包含了客户之前购买的物品的个性化页面(留存)。客户下单后,沃尔玛会预测他们何时到达商店(留存)。如果你的目标是实现快速学习,那么任何一种更容易实施的方法你都可以考虑采用,以此在现有时刻深耕或延伸到相邻时刻。

识别和发展人工智能时刻的跨职能团队

接下来,你将要开始建立一个全部由首席层级组成的跨职能团队,涉及财务总监、产品开发总监和运营总监。当你进入相邻时刻时,这一点尤为重要,因为不同时刻的控制权往往是相通的。关于这个主题有一本好书——兰杰·古拉蒂(Ranjay Gulati)写的《企业重组促进组织复原》(*Reorganize for Resilience*)[8]。

第一步是弄清楚在管理团队里谁是你的盟友。如果要让业务突破你自己内部的团队,就必须要有跨职能的领导支持。做好你的准备工作,而且要做得细致。例如,确定内部能力:"我们公司谁可以做高级数据工作"或者"我需要一两名分析师来帮助我的部门做……,原因是……"。

设计营销活动和算法(测试和学习)

这个过程涉及以下四步,需要与你在公司数据科学方面的联系人密切合作。

（1）确定一个价值口袋，围绕它设计一个实验性活动。

（2）弄清楚你想要预测什么，并与数据科学家一起提出一些算法。

（3）创建并运行人工智能和机器学习实验以探索价值口袋。

（4）评估结果。

如果这个过程能起作用，那就太好了！下一步是使用你学到的知识来扩展应用。也就是说，进入第四步！如果它不起作用，请试着找到问题并解决这些问题。由于你能确保自己使用的客户数据是干净的（至少我们希望如此），你可能需要修改模型。如果你正在与服务商一起执行此过程，并且他们没有提供你所追求的结果，你可能需要寻找其他服务商资源。如果实验失败，记住，这没关系，失败是过程的一部分，不要纠结于此。你只需找到另一个价值口袋，设计一个新的实验，然后重新运行这个过程。

另一种可能情况是你的实验将回答一个问题并提出另一个问题，这是一件好事。为什么？因为这个过程的很大一部分是要知道如何提正确的问题。我们将在下述的比价网的故事中看到这是如何发生的，该品牌成功地使用了活动设计四步法来完成测试和学习的过程。

设计、测试和学习：比价网

比价网是一个汽车保险聚合平台，能让客户获取相应保险公司的实时报价。它由英国最大的保险公司之一、成立于1993年的旗舰保险集团（Admiral Group）所有[9]。除了在欧洲提供在线低成本的汽车和家庭保险产品，旗舰保险集团还拥有多个汽车保险价格比较网站，如英国的混价网（Confused）及其西班牙的类似产品。该公司于2009年以大象保险（Elephant Insurance）为品牌进入美国市场，并将其美国总部设于弗吉尼亚州里士满市，沿用了旗舰保险集团直面客户的商业模式，通过电话和互联网为客户提供服务。经过大量分析，旗舰保险集团认为美国市场已经做好了准备，可以建立自己的保险价格比较网站了（仿照已经成功的英国网站混价网），于是在2013年推出了比价网（当时称为"现价网"）。

旗舰保险的目标是通过比价网使美国车主找到合适的汽车保险"更容易、更快捷"，而当时这个过程是低效且混乱的，尽管法律规定几乎所有美国汽车驾驶员都必须购买保险（具体取决于他们所在州的政策）。起初，在争取保险公司加入该网站时，比价网面临着"先有鸡还是先有蛋"的局面。但该公司通过加大其营销和广告策略投入，在2015年通过与谷歌合作扭转了局面，他们允许谷歌自己的比价平台"谷歌比价"访问其41个不同保险合作伙伴的数据（从而获得了更大的流量，更大的流量意味着更多保险商愿意进驻）。

比价网的价值主张在于提供源自保险公司的真实报价。因此，其平台上的运营商越多，它可以为客户提供的价值就越大。另外，比价网上使用其平台购买保险产品的客户越多，它就越容易吸引更多的运营商加入。通过这种方式，只要它不是提供产品或服务的一方，比价网（一个节点）就像一个网络。与节点不同的是，它提供了一个技术平台，客户可以使用该平台从保险公司购买产品，平台也可以向保险公司收取费用，促进交易。

比价网与三个主要渠道合作以获取客户的基本信息：电视广告、谷歌关键词（按点击付费）和中介网站广告。尽管从中介渠道收到的线索性价比最高，但它们的完成率也最低。如果客户刚刚通过中介网站填写了基本的个人信息，尽管通过比价网再填写另一份更长的调查问卷可以得到一份针对他们的实际情况制作的、可绑定的报价清单（也就是说他们可以在保险公司的网站上立即点击购买），他们可能也不想再花时间填写了。

比价网的营销团队还进行了前测后测和对照组测试，来优化其营销电子邮件的语言、节奏和主题用词，吸引人们访问该网站。在对照组测试中，将控制组与一个或多个测试组进行比较，确定客户更喜欢哪个版本。这些测试中的控制组通常被称为测试条件，对于比价网营销团队来说，测试条件就是在测试之前已经在使用的推送营销电子邮件的方法。

就像它的母公司旗舰保险集团一样，比价网享有非常透明的公司文化，在这种文化中，失败是可以接受的。它还以其测试和学习文化而闻名，这种文化深深植根于敏捷开发的过程，比价网会定期进行测试冲刺来调整其网站。无论客户是如何看到网站的，比价网的挑战都是找出吸引他们的最佳方式，驱使他们填写整个表格，并完成购买。问题是，大多数访问者并没有做这些事情。事实上，到2016年年初，比价网观察到这个完成率从2016年1月的18%下降到2016年3月的12%。这是一个公司层面的关键战略挑战，因为只有当客户接受平台上的保险合作商提供的报价时，比价网才会得到报酬，而问卷调查是收集潜在客户信息的工具[10]。因此，在这个例子中，目标的价值口袋是增加网站访问者完成在线问卷的数量，生成有约束力的报价，换句话说，这是设计活动的第一步。

为了解决这个问题，比价网开始寻找两个主要问题的答案：与传统的问卷调查相比，提前显示预测的费率是否会提高完成率（因为传统的问卷调查是在调查结束后才进行报价的）？如果答案是肯定的，那么哪些客户群对这些费率预测的反应最好，以及预测费率应该出现在问卷调查的什么阶段？比价网聘用了一名实习生，他开发了一种基本算法，可以预测客户在汽车保险方面预计能节省的费用，并在问卷完成过程中提前展示估价。

此处，应注意以下事项：①应如何、在何处以及向谁提供（即谁将在测试组和对照组中）预测费率选项？②应该向测试客户提供哪些信息？③有多少问题足以得出可靠的费率预测，提供早期预测所需的最少信息量是多少？

④费率预测的准确性是否应该随着填写的问题越多而改变，还是做一次费率预测就足够了？⑤什么样的文字或副本会吸引客户去看预测的费率？

换句话说，比价网弄清楚了他们试图预测的内容，并与一名数据科学实习生合作提出了一些算法：这就进入了活动设计的第二步。

比价网的下一步（我们活动设计中的第三步）是创建并运行人工智能和机器学习实验，探索价值口袋。围绕预估费率估算的第一个测试（第三步）帮助比价网得出结论，使用一个州最低月费率进行的报价估算对完成率的影响最大（第四步）。这导致比价网回到第三步进行第二个实验，该实验研究了一个新问题：客户对"自选路径"选项会有何反应？在这种替代方案中，客户可以选择放弃填写完整的问卷，去填写一份较短的问卷（七个问题），这将为他们提供定制的快速报价。对该实验的分析表明，这种快速报价选项进一步提高了网站的完成率[11]。

注意活动设计的第三步和第四步之间的反馈迭代。第一个实验揭示了比价网的价值口袋中的第二个重要机会。

以下是另外三个品牌在营销活动中使用 AI 营销画布第三步的例子。

第三步的案例

- 联合利华使用谷歌云（Google Cloud）的云视觉接口（Cloud Vision API）来扩大其营销活动的范围。例如，在亚洲开展为期三天的皓清（Close-Up）牙膏情人节活动时，联合利华利用谷歌云视觉分析了围绕其活动标签和情人节产生的用户内容。根据这些内容制作了 6 秒的导视广告，这些广告每天都在照片墙、脸书和"油管"上投放。为了监控有关活动和广告的在线评论，联合利华使用了自然语言分析的接口（Natural Language API），允许联合利华微调在社交渠道上针对最能引起观众共鸣的广告信息（获取）[12]。

- 纤维（Thread）使用人工智能为人们定制衣橱。每个个性化购物专家（一个人）为多达 5 万名顾客提供服务。比如，购物专家会告诉顾客"你需要一件橄榄绿夹克，穿起来好看"。纤维开发了一种算法，从各种不同的网站和与公司建立合作关系的伙伴处收集数据，并将这些数据提炼为两三个选项，由购物专家传递给顾客。有了人工智能，纤维可以将极少数购物专家的服务范围扩大到数万人，并且仍然提供一对一的个性化服务[13]（留存和增长）。

- 智能 X（Intelligent X）是一家总部位于英国的啤酒公司，它创造了四种不同的基础啤酒品牌供客户订阅——黑色人工智能（Black AI）、金色人工智能（Golden AI）、淡色人工智能（Pale AI）和琥珀人工智能（Amber AI）。它们早期的做法是引导客户访问包装标签上的一个网址，该网址包含关于客户所品尝啤酒的十个问题。参与的客户（参与率为 80%）为公司提供了 10 万个数据点。这些数据由人工智能算法处理，然后由酿酒商决定是否听从算法的建议。创始人休·利斯（Hew Leith）和罗布·麦金纳尼（Rob McInerney）认为，人工智能不是取代酿酒师，而是提供洞察，帮助酿酒师更好地根据客户的反馈做出决定[14]。今天，客户可以使用应用程序直接与算法连接提供反馈，酿造新款啤酒，而这些啤酒则会进一步根据客户的口味迭代优化[15]（增长）。

为了更好地理解在第三步可以完成的所有工作，大家来看一个标志性品牌的例子——可口可乐，对它来说，人工智能确实是一切工作的基础。

第三步的实践

可口可乐公司在营销活动中大面积使用人工智能的第一步，就是大笔投资自助饮料机，即可口可乐自助饮料机（Coke Freestyle），它允许客户选择几种不同口味的饮料并使之混合在一起（留存）。通过从机器上获得的描述性分析，可口可乐能够确定雪碧和樱桃味是最受欢迎的组合之一。这个数据迎来了樱桃雪碧（Sprite Cherry）的开发，并在产品开发上获得了快速胜利（增长）。可口可乐还利用这些数据让它的客户［如温蒂汉堡（Wendy's）］在不同的地方合理调整其库存规模。由于自助饮料机为他们提供了实时的使用数据，他们可以使用机器学习来确保最大限度地减少缺货。

第一代自助饮料机收集了围绕产品的一手数据，可口可乐自助饮料机的工程副总裁托马斯·斯塔布斯（Thomas Stubbs）表示，现在依旧如此。他说："公司拥有来自我们自助饮料机的数十亿行数据，这使我们能够确定不同地区、超市和其他各种销售渠道的客户的流行趋势、喜好以及口味的演变。我们从自助饮料机中获得了大量市场洞察，并以各种方式使用这些数据。关于机器上发生的一切，无论是刚刚发生的加饮料的数据，还是其他正在进行的操作，或者是客户自制混合饮料的能力，都可以通过系统接口进行控制。这为我们的创新以及基于客户偏好和口味的个性化提供了巨大的发展空间。"

可口可乐通过线下零售店和在线商城等其他渠道进行销售，但自助饮料机让他们真正学会了倾听。"自助饮料机是直接来自客户触点的大量实时数据源，它允许'大规模个性化'，在本例中就是新产品樱桃雪碧，"斯塔布斯说，"数据揭示了趋势，然后我们可以根据这些信息做出业务决策。"

为了提高与自助混合饮料客户直接连接的能力，可口可乐还将自由式体验整合到移动应用程序中，通过蓝牙连接到一个更复杂的自助饮料机：可口可乐自由式9100（Coca Cola Freestyle 9100）。移动应用程序会收集一部分客户信息，让他们获得奖励、扫描瓶盖上和其他商品上的代码、参与特定地点的体验。就新的自由式9100自助饮料机而言，该应用程序还允许你在靠近机器之前为自己定制好一份混合饮料，还可以为朋友定制一杯。一旦到了现场，你可以将移动应用程序与饮料机相连接，饮料就会被倒出来。现在，应用程序的用户不仅向可口可乐公司提供了混合饮料的偏好，而且提供了使公司能够进一步为用户提供个性化可口可乐体验的其他信息[16]。

本书中的许多品牌都在通过不同的方式在多个阶段尝试应用人工智能，因此，虽然这个关于可口可乐如何使用人工智能的例子符合第三步的要求，但你很快就会看到，它已经把从自助饮料机中学到的东西进行了扩展——路易斯安那州立大学（Louisiana State University，LSU）的运动队教练通过其爆锐（Powerade）指挥中心为运动员制作一对一的个性化饮料（增长），这一举措位于第五步保收获（第12章有更多关于这一问题的介绍）。

可口可乐的AI营销画布

在某个时候，你将摆脱人工智能和机器学习的实验性、战术性、"试验"期，熟练地使用现有技术来为客户提供个性化的体验并为他们创造价值，并深入了解人工智能和机器学习对客户关系时刻的影响。表 10-1 为可口可乐公司的 AI 营销画布应用情况。

表 10-1 AI 营销画布案例：可口可乐

	人工智能获取	人工智能留存	人工智能增长	人工智能推荐
第三步：扩场景 在更广的营销活动上应用人工智能。任命 AI 营销牵头人。协调各方的时间精力，以及提升内部开发的能力。		智能自助饮料机器人	移动应用：樱桃雪碧新产品	
关键问题：				
我是继续深耕某一个客户关系时刻，还是进入下一个？		持续部署自由式9100自助饮料机的新功能让客户满意、给他们惊喜（深入）	开发移动应用以及新产品，以促进多样化产品消费（扩张）	
在公司内部的不同职能上我的核心成员有谁？		和产品开发以及运营团队合作	和应用开发、产品开发以及运营团队合作	

你可能已经最大限度地利用了第三方人工智能服务商的现有功能。你的需求将变得越来越具体，你的服务商将不得不开始编写客制化代码来满足它们。当你达到这个里程碑时，就要开始将这些能力引入内部、与战略合作伙伴合作或收购一家可以为你做这件事的公司。只有这样做才可能是有意义的，因为你建立的专有模型在未来将创造战略优势。

检查清单

- 根据价值口袋的丰富程度以及真正对客户有价值的，决定是在一个客户关系时刻深耕还是扩展到相邻时刻深入研究。
- 为第四步的活动做准备，对到此为止的结果和财务影响进行总结。
- 确定并任命一个人工智能营销斗士，同时，发展一个人工智能营销团队。
- 起草一项战略，量化影响、制定预算。
- 通过对员工培训进行投资，开始培养人工智能和机器学习的内部能力。
- 开始发展一个跨职能的团队，这个团队由财务、产品开发和运营的 C 级管理者组成。
- 测试、学习，并根据数据结果调整你的模型和方法。

总结

- 第三步：扩场景。在更广泛的营销活动中使用人工智能，从自研开发和能力建设开始。
- 当你开始扩大活动规模时，依靠你使用人工智能和机器学习的经验，至少在一个客户关系时刻上为客户创造价值，并为你的团队提供洞察力。

- 第三步的主要任务是扩大你在第二步试行并证明可行的机器学习应用，要么深耕同一个客户关系时刻（或刺激），要么扩展到邻近的时刻，数据驱动的预测和个性化将为客户增加价值。

- 你如何走好第三步将取决于你公司的规模和结构以及你的角色能控制的范围。

- 找到并任命一个人工智能营销斗士和一个人工智能营销团队；量化影响和预算要求；继续开展内部人工智能和机器学习活动；确定并发展一个人工智能或机器学习跨职能团队；设计、测试，并从活动和算法中学习。

- 当你开始将第三方人工智能服务商的现有能力发挥到极致时，应该制订一个计划，将其能力引入内部，你可以通过依靠战略合作伙伴或收购一家公司来实现这一目的。

随着第三步的能力在你的控制下安全运行，现在是时候扩大规模了。在下一章中，我们将带你了解公司必须做出的关键战略决策，以及规划下一阶段的工作必须采取的行动，让你在营销中利用人工智能和机器学习进一步加速强化客户关系时刻。

第 11 章
第四步：促转型

> 人们倾向于战术思考而不是战略思考。人工智能是一项战略功能，你必须提前一年考虑。我认为现在没有人工智能就不可能进行出色的营销。
>
> ——阿扎德·莫格塔德里（Azadeh Moghtaderi）
> 祖源基因检测公司（Ancestry[1]）数据科学和分析副总裁

如果第三步是关于播种，那么第四步是关于规模化应用和执行，其主要内容是利用人工智能实现整套营销活动的自动化，开始识别战略性能力，并以对你的公司最有意义的方式将这种能力内化，如图 11-1 所示。

在这个阶段，你的目标是在使用人工智能将全部客户关系时刻自动化方面成为同类中的佼佼者，因此你将继续努力，在这些领域酌情扩展，做好战略规划（见图 11-2）。这意味着你正在持续部署人工智能，而且你和机器（算法）都在从结果中学习。你正在利用这一切来增加回报，以便产生越来越多无可辩驳的证据：人工智能和机器学习增加了客户体验价值，提升了你的品牌知名度。最重要的是，你现在正在参与一场人工智能和机器学习促进营销的游戏，要利用一切可用的资源，因为你知道这个游戏的终局是"赢家通吃"。

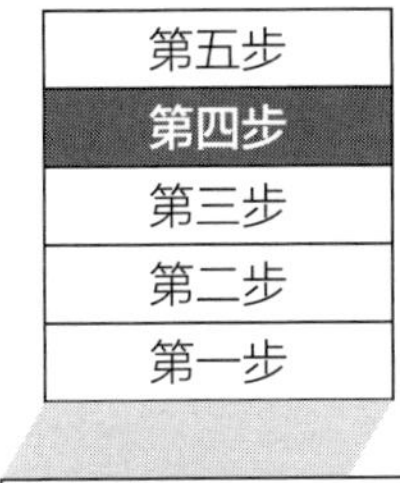

| 第五步 |
| 第四步 |
| 第三步 |
| 第二步 |
| 第一步 |

AI 营销画布	人工智能获取	人工智能留存	人工智能增长	人工智能推荐
第四步：促转型 用人工智能实现整个客户旅程上所有营销活动的自动化，或者深耕1—2个客户关系时刻。市场营销团队需要对大部分的内部开发或者来自合作伙伴的深度开发有控制权。				
关键问题： • 我是应该在内部自建，还是收购一个有相关能力的公司？ • 我在哪里能找到所需的人工智能人才？ • 什么样的人工智能实践能使得我们的市场营销动作与众不同？				

图 11-1　AI 营销画布：第四步

你是否准备好进入第四步取决于以下因素：

- 你是否有足够数量的干净、可靠的数据，这些数据是否覆盖所有客户关系时刻？这一点的关键程度再怎么强调也不为过。有一句古老的数据处理格言在这里很适用，那就是"垃圾进，垃圾出"

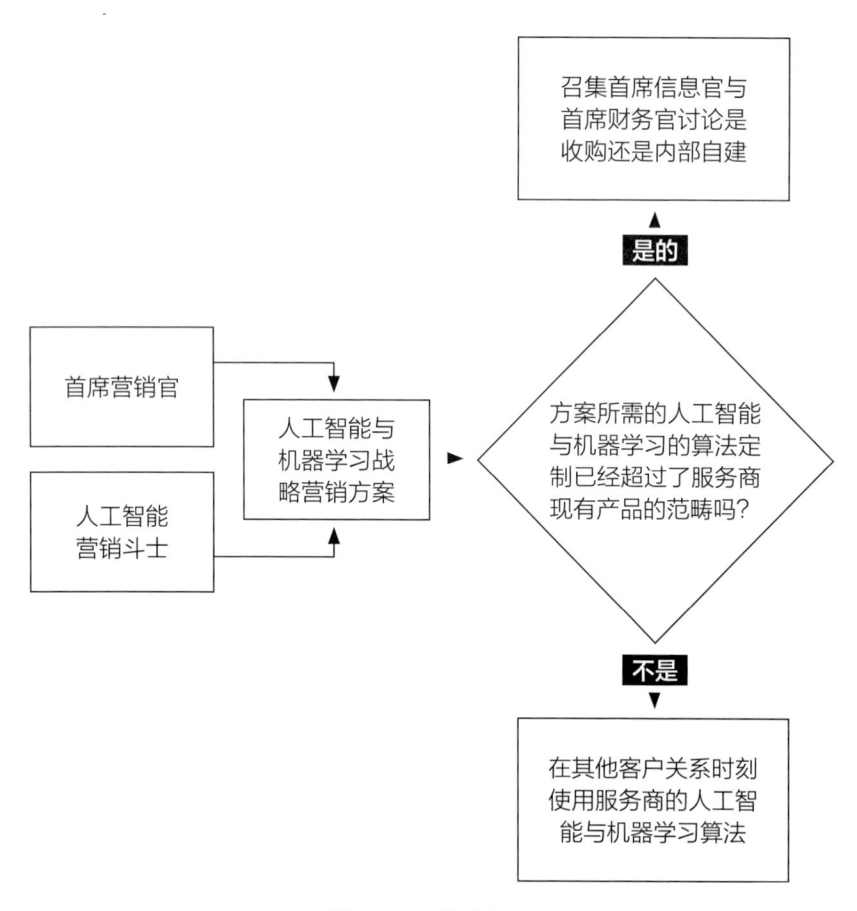

```
                            ┌─────────────────┐
                            │ 召集首席信息官与 │
                            │ 首席财务官讨论是 │
                            │ 收购还是内部自建 │
                            └─────────────────┘
                                     ▲
                                    【是的】
                                     │
┌──────────┐                      ◇ 方案所需的人工智能 ◇
│ 首席营销官 │──┐                 ◇  与机器学习的算法定 ◇
└──────────┘  │  ┌──────────┐    ◇  制已经超过了服务商 ◇
              ├─▶│人工智能与 │──▶ ◇ 现有产品的范畴吗?  ◇
              │  │机器学习战 │    ◇                    ◇
┌──────────┐  │  │略营销方案 │
│ 人工智能  │──┘  └──────────┘           │
│ 营销斗士  │                           【不是】
└──────────┘                              │
                                          ▼
                                ┌─────────────────┐
                                │ 在其他客户关系时刻│
                                │ 使用服务商的人工智│
                                │ 能与机器学习算法 │
                                └─────────────────┘
```

图 11-2　战略规划

（garbage in, garbage out）。

- 你的营销战略是否需要人工智能和机器学习算法，这些算法自定义的需求是否超出了服务商现成的产品功能？

- 你的公司是否有自研、专有的人工智能能力，如果这些能力能开发得出来，它们能否使你的营销实践与业务与众不同，或者最终成为一个新的收入来源？

为什么要考虑将人工智能和机器学习能力置于你的控制之下，即将这些能力从第三方"开箱即用"的解决方案服务商那里带出来？因为关于客户关系的大量数据会奠定你的战略优势。这意味着你需要百分之百地拥有这些数据的处理流程和由此产生反馈的闭环。你现在应该有了一些学习和累积正反馈的经验，你可以通过分享和使用这些经验形成的案例，提出一些超越现有模型的算法。如果答案是肯定的，问题就变成了"你是在内部建立这个模型，还是聘请一个战略伙伴，或者购买一家公司（和它的专业知识）来做"。无论你决定采取哪种方式，目标都是一样的：在公司中让人工智能和机器学习赋能的营销成功落地、发展成为竞争优势。图11-3概述了推销"自建或者购买"提议的典型过程。

在确定是自建还是收购外部公司的过程中，你需要检查下已经有多少定制化的算法，并提出以下问题：

（1）当我们扩展到其他客户关系时刻时，我们的现成算法是否能够胜任这项工作？

（2）如果需要定制，是否能为公司创造战略优势？

（3）如果它确实创造了战略优势，我们是在内部搭建这些模型，还是购买一家公司为我们搭建模型，或者两者结合（这是一个战略决策，需要由战略委员会和董事会来决定）？

评估购买 / 自建方案

决定走哪条路是一个要考虑成本、时间和难易度的综合问题。表11-1列出了几个假想方案，其中，方案1是在公司内部组建团队，这将需要两年时间并花费150万美元，其成功的可能性为60%。方案2是通过收购一家公司来做同样的事情，但这将花费两倍的费用，但会更容易、更快，而

图 11-3 获得团队认同

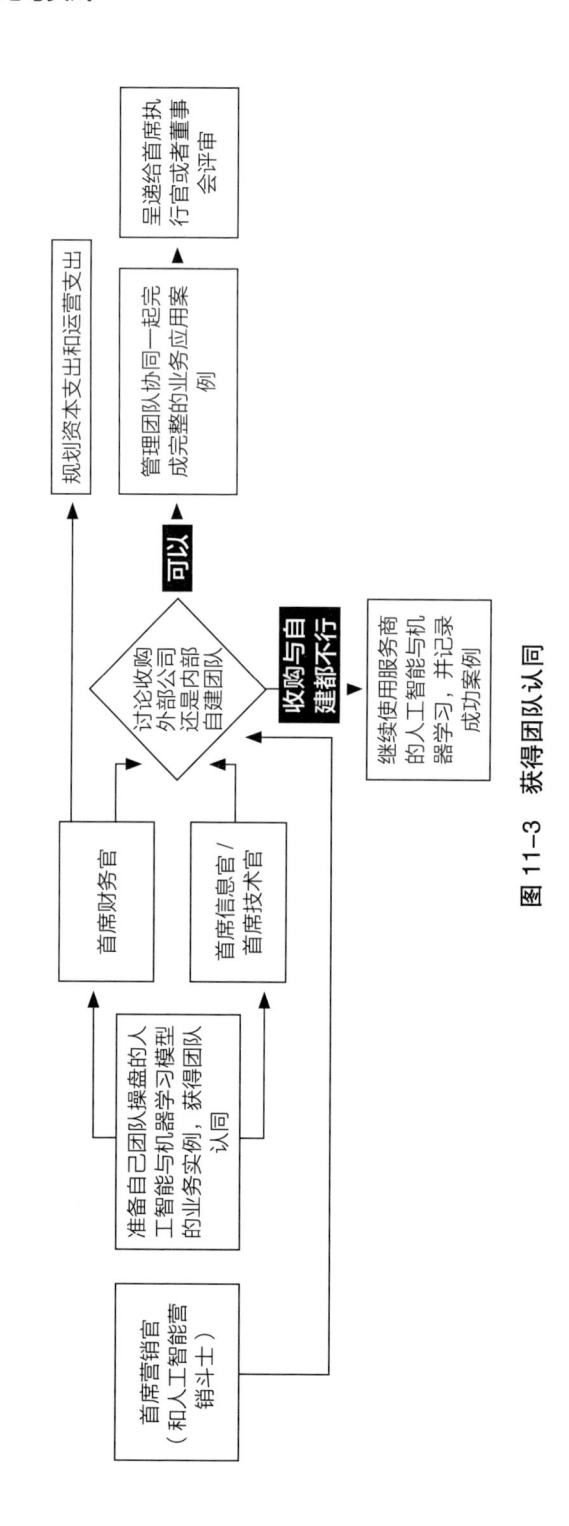

且成功的可能性更大。方案 3 则要贵得多，也难得多。综合考虑各方案的各种因素后你会明白如何做出决策。

表 11-1　人工智能与机器学习的自建与采购方案

评估收购与自建的方案				
方式	成本	难度	时间 / 优势	成功的可能性
方案 1：搭建内部团队并增派人手	150 万美元	10/10	24 个月	6/10
方案 2：收购公司	300 万美元	6/10	3 个月	8/10
方案 3：收购公司，并以内部数据科学团队做支持	450 万美元	9/10	4 个月	9/10

除了成本、难易度、时机和成功率等变量，还有一个问题是：哪种方法最符合你的公司文化。例如，如果你的公司有"收购"文化，管理层的决定可能会偏向于收购公司。那么问题来了："有哪些公司拥有你所需要的专业知识，而你的公司又愿意支付对应的价格？"此外，你还需要考虑成功收购的概率，这是另一个董事会层面的问题。

如果公司内部已经有了数据科学的能力和相关人才，你就有可能从这些内部资源中汲取营养，组成所需的建模团队。如果你找不到一家正在做你想要做的事情的公司，你可能不得不建立自己的团队。

为了让你更清楚地了解购买与自建的情况，我们对四家公司进行了分析：其中两家公司在内部成立了建模团队，另外两家公司购买了具有成熟模型和专业知识的公司。

第四步的案例

内部搭建模型

迪士尼在公司内部的实验室"迪士尼研究"（Disney Research）[2]中开展科学和技术创新，其研究领域有三个：机器学习和数据分析、视觉计算、机器人和人机互动。迪士尼机器学习能力的一个应用实例是魔力腕带（Magic Band）的开发：魔力腕带是一个主题公园范围内的通行证，它能跟踪客户的运动轨迹、分析客户的购买习惯，并向迪士尼报告实时数据。这项创新的目的是通过帮助迪士尼员工（被称为"演员"）预测顾客的行为，并在增加人手或激励顾客前往另一个游乐设施或景点方面做出快速决策，从而保障流畅的顾客体验（留存/增长）。作为这项投资的结果，公园的效率和承载量都得到了改善，经营利润得到了提升，入园顾客数量也持续增加[3]。它们利用数据在客户关系时刻中的留存和增长两个阶段来激励客户。

车美仕的大部分客户关系都是从网上开始的（获取），然而，几乎所有的销售都发生在实体店（留存）。当访问车美仕官网时，你会看到初始配置的显示结果，然后网站会从你的搜索行为中了解到更多信息，文字和图像会发生变化[4]。这种协同过滤的能力特别有趣，因为它涉及图像的过滤，而不仅仅是文字。事实上，车美仕投资了一个照片实验室来拍摄高质量的汽车照片，这使它能够更好地训练其图像识别算法，向客户展示个性化的汽车照片[5]。车美仕通过其业务汇集了大量数据[6]，实现了每年销售超过70万辆汽车[7]。

车美仕的专有算法驱动着库存管理和定价决策，使公司能够实时根据客户需求在全国各地的商店调整库存。根据车美仕负责数据科学和机器学习平台的高级解决方案架构师托德·杜贝（Todd Dube）2019年在"火花+"人工智能会议上的演讲,"车美仕的一个关键举措是使它们的数据科学家和分析师能够利用机器学习和它们大量的销售、点击流和其他数据来优化全渠道体验,在网上和其他任何地方创造个性化的客户体验[8]。"本例中,影响客户关系的时刻是获取(数据驱动的在线销售和营销)和留存(实体店销售)。

购买一家公司

麦当劳于 2019 年 3 月收购了位于以色列特拉维夫的个性化和决策逻辑技术初创公司动态收益(Dynamic Yield),到目前为止,该公司已将其技术整合到北美 700 家麦当劳得来速(drive-through)餐厅中。该技术根据实时信号对菜单显示和数字标牌进行个性化处理,如趋势性食品、一天中的时间、餐厅人流和顾客的选择(留存/增长)。这项技术还将使麦当劳能够在其自己的应用程序中增加更多的个性化功能(推荐)。麦当劳首席执行官史蒂夫·伊斯特布鲁克(Steve Easterbrook)在 2019 年的一次财报电话会议上指出,内置在得来速餐厅菜单中的推荐算法已经促进了更多订单的产生[9](增长)。

在一些得来速免下车的通道中,麦当劳还测试了可以识别车牌号码的技术。这允许公司根据客户之前的订单创建建议购买清单,前提是客户同意让麦当劳访问该数据[10](增长)。

乌尔塔美妆(Ulta Beauty)在 2018 年收购了技术初创公司 QM 科学(QM Scientific)和格莱姆科技(GlamST)。格莱姆科技提供移动、网络和店内的虚拟改造工具,利用增强现实技术,为发色、化妆和眉毛塑形提供虚拟试戴(留存)。QM 科学提供了一个由人工智能驱动的购物助手,随着时间的推移,它会学习每个客户的喜好和习惯,从而使设备、应用程序或机器人能够以更相关、更及时的答案和建议做出回应(留存)。今天,乌尔塔美妆官网上也有一个基于人工智能的护肤品虚拟美容顾问。该虚拟顾问使客户能够按问题或产品浏览乌尔塔的护肤品种。它还会提出一系列动态生成的问题，并展示一套个性化的产品建议，以便顾客进一步查看和购买[11]（增长）。

乌尔塔美妆的首席数字官普拉玛·巴特（Prama Bhatt）说[12]："格莱姆科技和 QM 科学都带来了技术领导力、更好的客户体验、清晰的能力提升和与公司契合的文化，""我们现在拥有技术资产来支持实施我们的数字体验策略。"在接受我们的采访时，普拉玛还分享了她对未来收集客户数据和第三方技术服务商的看法。她说，他们对客户数据是有选择的，通过拥有这些数据，他们能够提供更一致且相互承接的客户体验，而不是完全依赖代替他们执行的第三方服务商（请回忆一下我们在第 8 章中对以客户为中心的数据需求的讨论。乌尔塔正是这样做的，这为他们的人工智能活动奠定了基础）。

"零售商的最终目标是创建一个整合一致的认知：了解客人与乌尔塔美妆的互动以及他们向我们发出的信号，这样我们就可以更好地了解我们的客人，建立强大的客户关系，"普拉玛说，"为此，我们就需要访问综合的数据。"她还表示，她预计第三方服务商将与他们建立越来越多的战略关系，在这种关系中，服务商为品牌提供以客户为中心的数据，并在此过程中成为品牌营销生态系统的一部分[13]。

现在你已经看到了一些人工智能和机器学习选择"购买还是自建"战略的对比示例，让我们来看看一家公司——祖源基因检测，它是实践第四步的一个很好的例子。

第四步的实践

如果你曾经研究过自己的家族历史，你可能是祖源基因检测公司 300

万付费用户中的一员，这些付费会员利用了祖源基因检测大面积收集的超过 100 亿条数字化历史记录。自 1996 年以来，用户已经创建了 1 亿个家庭树，包含 130 多亿个祖先的资料，并将超过 3.3 亿张照片、扫描文件和故事上传到他们的个人树上[14]。

祖源基因检测于 1983 年作为一家出版公司成立，现在是世界上最大的家谱公司，经营着一个由家谱、历史记录和遗传家谱网站组成的网络产品矩阵。它的使命是"利用在家谱、历史记录和 DNA 中发现的信息，帮助人们对自己的生活获得新的理解"。2017 年，该公司报告了 10 亿美元的收入[15]。今天，祖源基因检测是一个典型的例子，该公司在客户关系的所有时刻都采用了人工智能和机器学习，并在多个客户关系时刻上走到了 AI 营销画布的第四步，其具体实施情况见表 11–2。

祖源基因检测的 AI 营销画布

为了进一步了解祖源基因检测在客户关系时刻营销中使用机器学习的情况，我们采访了负责全球客户成功和产品商业化的高级副总裁托德·波拉克（Todd Pollak）和祖源基因检测的数据科学和分析副总裁阿扎德·莫格塔德里。

托德和阿扎德表示，公司在三个主要领域投入了时间和精力：①深入了解人工智能和机器学习是什么以及可以做什么；②在营销和数据科学团队之间建立信任；③为人工智能在市场营销中的应用设计一个战略愿景。对于第三点，阿扎德补充说："人们倾向于从战术上思考而不是从战略上思考。人工智能是一项战略功能，你必须提前一年考虑。我认为现在没有人工智能就不可能进行出色的营销。"

表 11-2　AI 营销画布案例：祖源基因检测

	人工智能获取	人工智能留存	人工智能增长	人工智能推荐
第四步：促转型 用人工智能实现整个客户旅程上所有营销活动的自动化，或者深耕 1—2 个客户关系时刻。市场营销团队需要对大部分的内部开发或者来自合作伙伴的深度开发有控制权。	机器学习驱动搜索广告	让公司内部的数据科学家用各种维度的客户行为的数据来开发流失倾向模型做预测	用客户信息和网页信号向合适的客户、用合适的订单、在合适的时机，展示合适的信息	连接客户，鼓励口碑传播
关键问题：				
我是应该在内部自建，还是收购一个有相关能力的公司？	算法能实现的定制化程度依赖于公司内部数据科学家人工智能与机器学习的开发水平			
我在哪里能找到所需的人工智能人才？	扩张数据科学团队来解决关键问题			
什么样的人工智能实践能使得我们的市场营销动作与众不同？	找到客户行为中的相似性，识别细分客户与不同细分群体的独特需求和偏好	基于独特细分客户的需求显示个性化网页	我们有效预测客户兴趣与最佳产品的能力	与客户的关系会让他们以自己的名义来推荐

让我们看看祖源基因检测在 AI 营销画布和各种客户关系时刻方面做了什么。托德和阿扎德合作的第一个领域是在搜索广告中使用机器学习。像大多数公司一样，祖源基因检测先依靠合作伙伴的机器学习能力来提高营

销的一个方面（在此例中是第二阶段——获取），由于它效果不错，该公司继续这样做。如今，祖源基因检测正在将人工智能和机器学习应用于整个客户关系时刻，其中大部分程序和算法是在内部研发的，这是画布第四步一个不错的例子。例如，网站上提供给祖源基因检测客户的内容是根据他们的需求和偏好个性化展示的，这些需求和偏好是基于他们的搜索关键词预测出来的（获取）。

祖源基因检测也在不断改善客户体验。例如，用图像识别裁剪高中和大学旧年鉴中的图像，并通过简单的姓名与图像链接将它们与用户档案相匹配。祖源基因检测还使用图像识别从其拥有的报纸网（Newspapers）的讣告和婚礼公告中提取家族关系。然后，人工智能和机器学习被用来帮助用户找到亲属之间的关系，提取独特而有趣的事实（你大姨婚礼上花的颜色），提高用户树的准确性，从而提高家族大树的整体质量，这具有网络效应（当大树中的关系更准确时，新用户会受益）。同时，这些在旧的高中和大学年鉴中发现的内容越新，越能增加年轻用户在使用该服务时的有所发现的可能性，更近的历史文献对新生代更有利（推荐）。

祖源基因检测的人工智能和机器学习技术还可以预测客户的兴趣，如他们是想尽可能地追溯他们的家谱，还是想深入了解家谱中少数人的故事？系统在网站上为用户提供个性化的提示，通过发送个性化的电子邮件（留存）提示他们进行签到。最后，祖源基因检测会使用各种来源的客户行为作为输入数据来预测客户的全生命周期价值，看能产生多少收入（增长）[16]。这样一来，基于其强大的数据和数据分析基础以及内部自研的人工智能和机器学习能力，祖源基因检测能在客户关系的所有时刻为客户提供个性化的体验。

在下一章中，我们将向你展示一些品牌如何将它们所创建的人工智能模型变现，从而创造一个全新的收入来源。你也可以这样做。

检查清单

- 收集你在从现有案例中学习和获取的正向反馈及经验，以证明定制现有模型能力之外的算法的必要性。
- 如果你的服务商目前没有你想要的模型，那么你需要确定自己想创建什么模型，实现客户认为有价值的个性化。
- 做一下研究，看看是购买一家公司来填补这一空白，还是在内部自建模型更有意义。

总结

- 第四步：促转型。至少在一个客户关系时刻实现完全自动化，或者在相邻的时刻实现某个举措的自动化，你对如何在 AI 营销画布上向前推进有了感觉。
- 你一直在部署人工智能和机器学习，但现在的重点是提高竞争的回报曲线，因为终局将是赢家通吃。
- 寻找自研专有的人工智能能力，如果能开发出来，这将使你的营销实践和业务与众不同，或者最终成为一个新的收入来源。
- 制订一个计划，要么把能力引入内部，要么与一个服务商合作，并在市场营销部门的掌控下进行先进产品开发，或者购买一家公司（甚至可能是服务商，就像乌尔塔那样）。

- 该战略是创建一个"卓越中心"，其目标是获取竞争优势。
- 决定是买下一家公司还是在内部自建团队，要考察成本、时间和难易度的组合以及公司文化。

第 12 章
第五步：保收获

> 专注于客户价值需求——创造新产品或商业模式，比你当前或潜在的竞争对手更快地传递价值。
>
> ——大卫·罗杰斯（David Rogers）
> 哥伦比亚商学院（Columbia Business School）教授
> 《数字转型手册[1]》（*The Digital Transformation Playbook*）作者

随着大部分客户关系的自动化，你已经准备好最大化使用你所创建的人工智能模型，促进盈利和产生新的收入来源——这是第五步的核心（见图 12-1）。在战略上，用宝洁公司前总裁雷富礼（A. G. Lafley）和教授罗杰·马丁（Roger L. Martin）的话说，你需要知道在哪里竞争以及如何赢得竞争。

还记得网络和节点吗？第五步是网络的天下，亚马逊、谷歌、奈飞、爱彼迎等公司的整个业务从第一天起就由数据驱动，而且它们一直在持续提升相关水平。想想爱彼迎体验、谷歌地图（Google Maps）、谷歌邮箱（Gmail）、"油管"和奈飞的原创内容；还有亚马逊，它通过自己的服装品牌，从零售领域抢夺更多的市场份额。如果你是一个节点，你能竞争得过它们吗？如果可以，该如何竞争？

第五步
第四步
第三步
第二步
第一步

AI 营销画布	人工智能获取	人工智能留存	人工智能增长	人工智能推荐
第五步：保收获 用人工智能来实现增量的收入来源或者新的商业模式。作为平台来服务外部客户。				
关键问题： • 商业模式是什么？ • 人工智能如何成为新的收入来源？				

图 12-1　AI 营销画布：第五步

以万豪为例，它拥有从其客户忠诚度计划万豪旅享家收集的大量客户数据。这家连锁酒店最近通过其"住宅与别墅"（Homes & Villas）平台进入家庭共享空间，从而与爱彼迎以及其他公司展开竞争。然而，它采取的方法与爱彼迎以及其他连锁酒店不同。万豪的模式不是对房屋共享平台进行股权投资，而是通过与物业管理公司合作，为客户创建一个寻找住房的市场[2]。入住"住宅与别墅"平台上物业的万豪旅享家客户可以赚取和兑换忠诚度积分，因为物业管理公司与万豪旗下的其他品牌［如喜来登（Sheraton）、丽思卡尔顿（Ritz-Carlton）］有合作。

贝尔德公司（Baird）副总裁兼股票研究高级分析师迈克尔·贝利萨里奥（Michael Bellisario）在 2019 年接受今日酒店新闻（Hotel News Now）采访时说："规模对万豪平台的未来至关重要……万豪几十年来一直在建立这

个客户忠诚的基础。这就是它们试图用来撬动业务的支点。爱彼迎有这个能力吗？也许对某些客人来说是这样，但并不会像万豪那样有根深蒂固的忠诚度，有信用卡和忠诚度计划，这就是差异化[3]。"

第五步是关注你的平台、数据和潜力，找到方法为你的公司或其他类似的公司，用你在第二至第四步打造的东西创造额外的价值。请注意，要成为一个网络并不容易。这一点对于即便像通用电气公司这样强大的公司也一样，在其软件部门"通用电气数字部"所面临的斗争中最为明显，该部门在2015年的目标是到2020年成为世界上十大软件平台之一。该目标并没有实现，因为该部门受到（除其他原因外）守旧思想的阻碍，无法像它的竞争对手那样聚焦推进敏捷流程改造。

以下是一些公司的例子，它们利用人工智能和机器学习，在其核心业务中创造了新的商业模式和收入来源，或者将其模式或能力扩展到其他业务中——这是一个可以促进额外发展的收入来源。

第五步的案例

阿里巴巴创立于1999年，最初是一个连接商品买家和卖家的电子商务网站，现在是一个由卖家、营销者、服务提供商、物流公司、制造商和金融服务组成的、由数据驱动的网络。它采用"智慧业务"（smart business）模型，在该模型中，所有朝着共同业务目标迈进的实体都通过在线网络连接起来，机器学习技术使它们能够利用实时数据在各个层面做出战略性业务决策[4]。

除了在其核心业务中使用人工智能，阿里巴巴还参与了许多其他人工智能驱动的业务。其中一个是城市大脑项目（City Brain Project），该项目正在通过人工智能帮助城市运行。例如,中国杭州的每一辆车都由人工智能监控,让阿里巴巴控制超过104个交通灯路口。这帮助该市在项目运行的第一年减少了15%的交通拥堵。阿里巴巴云(Alibaba Cloud)提供软件,但城市拥有数据。阿里巴巴还为中国的100万家小商店和100家超市推出了最先进的数字化商店模型,零售商通过阿里巴巴的平台采购所需商品,并使用支付宝(Alipay)完成交易[5]。

可口可乐公司利用其自助饮料机的学习和能力,创建了爆锐指挥中心,教练和培训师可以用它来针对每个运动员设计高度个性化的饮料,这在第10章中作为第三步的一个例子进行了讨论。目前,该自助饮料机只在路易斯安那州立大学有永久的位置,但据自助饮料机工程副总裁托马斯·斯塔布斯所说,它曾出现在2018年俄罗斯世界杯等场地。通过调整数字触摸屏上的设置,这台机器可以制作个性化的杯装爆锐。它是一个可以连接到运动员管理系统的工作台。由于它的便携性,当运动员不在更衣室时,它可以被放在场边的推车上,由电池供电。如路易斯安那州立大学的定制混合饮料"老虎汁"(Tiger Juice),在锻炼和比赛之前、比赛期间和比赛之后,根据每个运动员的表现和需求进行个性化定制,供其饮用。运动员可以调整饮料的甜度和其他口味特征。路易斯安那州立大学在其招募工作中利用这种个性化的能力为其运动员服务,而且很容易想象,它有为可口可乐在职业体育和其他方面带来新的收入来源的巨大潜力[6]。

让我们明确一点:第五步并不适合所有公司。如果你是一个专注于掌握第四步的节点:不知疲倦地询问人工智能如何进一步个性化客户体验,并为每一个客户关系时刻赋能,这可能已经够有挑战的了,且回报足够大!话虽如此,让我们再看看《华盛顿邮报》,它的人工智能和机器学习最初是为自己开发的,现在作为一种服务提供给其他人应用方面的最佳范例。

第五步的实践

从个性化推荐、评论审查到故事撰写等，人工智能和机器学习为《华盛顿邮报》所有业务提供支持。所有这些都在弧光出版社平台下实施，这是一个灵活的出版平台，原本是《华盛顿邮报》为自己的新闻编辑部建立的，现在已经授权给顶级出版商、广播公司和品牌商，并产生了额外收入[7]。为了获得更多关于公司迈向第五步的见解，我们采访了《华盛顿邮报》的数据科学和人工智能总监帕特里克·卡伦（Patrick Cullen）。《华盛顿邮报》遵循的进程在很多方面与 AI 营销画布（见表 12-1）很相似。

帕特里克说，从小处着手来开展行动：

几年前，像其他公司一样，我们使用现成的软件来为订阅用户和广告商提供价值，但我们很快意识到它的局限性，特别是在推荐方面。推荐是关键，因为这能让读者订阅和浏览更多页面。而读者阅读的页面越多，他们看到和回应的广告就越多，这又让广告商在网站上为更多媒体投放付费。

与其更换软件或试图定制现有的软件，我们决定，不如看看在公司内部开发模型，我们能做得怎么样。我们选择先聚焦在推荐系统上，因为它能直接回答以下问题："我们现在可以做什么来为读者和企业提供最佳价值？""我们可以开发什么，使我们能够获得值得称道的成功？"我们也非常有信心可以在内部搭建技术团队，随着时间的推移我们的能力会不断提升，甚至最终超过第三方，因为我们比第三方更了解我们的系统、数据和用户。

起初我们的规模很小，只有一两个人，而且算法表现不佳，但我们不断迭代和组合不同的算法。随着我们越来越了解读者，我们的结果变得越

表 12-1　AI 营销画布案例：《华盛顿邮报》

	人工智能获取	人工智能留存	人工智能增长	人工智能推荐
第五步：保收获 用人工智能来实现增量的收入来源或者新的商业模式。作为平台来服务外部客户。	宙斯洞察广告推送	日光仪机器人写作助手	宙斯洞察文章与话题推荐引擎	评论审查系统
关键问题：					
商业模式是什么？一般来说：通过订阅服务为其他出版社提供增值服务。让客户（也就是，使用了《华盛顿邮报》技术的出版商）向读者和订阅用户提供更多价值。	提升出版商连接潜在读者并让他们参与进来的能力	将记者解放出来，让他们在更能为读者提供价值的项目上花时间	将读者最感兴趣的话题推送给他们，这样他们才更愿意订阅	通过专家审查系统，让所有读者都有机会成为编辑工作的一部分
哪些人工智能的应用让我们的营销实践与众不同？	公司内部开发的人工智能与机器学习技术也能用来帮助其他出版商。向其他出版商开放客户订阅算法接口就能为公司创造新的营收来源，而不仅仅依靠新闻订阅或者广告商投放来获利。这种商业模式让其他出版商也成了新的客户。			

来越好，页面浏览量也增加了。我们不断试验，并一直专注于改善读者体验。然而，不是所有的东西都有效。我们考虑做的一些事情，从技术角度来看，太难了，或者我们没有数据来支持这些算法。在我们真正了解该系统如何为企业带来好处之前，我们尽量不把太多鸡蛋放在一个篮子里。

我们研发的另一项有趣的技术是一个名为宙斯洞察的主题分类系统。这是一个使用机器学习模型用分类法（taxonomy）分配主题名称，如政治或天气，创建基于文章的元数据（metadata）。实际上，我们先搭建了这个模型，然后再看看我们可以在其他哪些领域使用这种算法。最终我们在推荐系统中使用了该模型，因为它能自动呈现读者所阅读主题的相关内容，这使读者更有可能在网站上停留更长时间、阅读更多的内容，并有可能成为付费用户。此外，广告商也能获得更好的回报（增长）。

"该算法整合进邮报服务的另一种方式是通过新的广告投放平台，名为'宙斯'黄金版（Zeus Prime），"帕特里克补充道。根据 2019 年 7 月的一份新闻稿，"宙斯"黄金版是平台的一部分，该平台以用户消费模式为中心创造了一种集中的广告体验，使广告商能够为《华盛顿邮报》的特定受众群体定制相应的信息，或者与特定类型的内容（获取）保持一致。它还旨在利用机器学习，在未来的迭代中减少行业对储存在用户本地终端数据的依赖。最终"宙斯"技术套件（Zeus Technology Suite）平台将直接服务《华盛顿邮报》的出版客户[8]。

帕特里克继续说："出于品牌安全的目的，广告商自然希望对广告的出现或不出现的上下文进行一些控制。一个额外的好处是，由于推荐是基于上下文内容的，对于那些不想被跟踪或选择不想留下浏览痕迹的用户来说，这种广告推送方式更有效，同时还能继续尊重用户的隐私设置。"

帕特里克指出，《华盛顿邮报》团队中的十几名工程师和数据科学家现在正在研究"宙斯"以及其自动出版系统日光仪和它的评论审查系统。帕特里克说："人工智能的目标不是要取代人，而是要增强他们的能力，让他们腾出手来从事更有趣、更深入的工作。"他说："当我们与新闻室的人交谈时，他们提到，对于选举和体育赛事的报道，有一个非常短的时间窗口，所以他们必须非常迅速地撰写和发布内容。"这是非常紧张的，没有时间思考创意。读者希望我们能够快速准确地报道相关结果。

"日光仪系统从源头获取数据，然后将其转换成句子，填入网页上的模板。日光仪系统会不断更新模板，这意味着句子实际上会随着数据的变化而变化。我们还建立了一个类似的系统，让我们能够直播新闻，就像我们为上次总统选举所做的那样：随着结果的出现实时自动更新。"帕特里克补充说，《华盛顿邮报》的评论审查系统也是出于帮助记者实现愿望来构思的。"每个月《华盛顿邮报》网站上都有超过200万条评论，"他说，"但工作人员不可能对这些评论全部进行审查和批准。该评论审查系统确保了我们网站上的用户生成的内容具有最高的价值。"

《华盛顿邮报》网站还有一个区域，可以将最好的读者评论汇总并发送给订阅者，使他们能够参与该过程（推荐）。帕特里克说：

我们的评论审查系统是一种工具，它为评论是否应该被过滤或不显示在网站上分配概率。负责审查评论的人可以控制过滤器和他们信任的概率。例如，工作人员可以创建参数，如果评论是坏评论的概率为80%，则自动阻止评论；但是如果该概率只有10%，就自动批准。这两个数字之间的任何内容都会发送给工作人员进行审查。如果某些不应该通过的评论结果通过了，他们可以调整阈值，这些调整有助于随着时间的推移改进算法。

日光仪和评论审查系统最重要的一点是，它们让员工腾出时间去做更有趣的工作。这就是我们真正看到人工智能融入新闻编辑室的地方。它替代人工完成了很多无差别的繁重工作，将其交给计算机。

就我们的关注点和出发点而言，我们的首要任务始终是以读者的体验为中心。如何构建技术来改善读者的阅读体验？我们想到了我们的记者，他们需要什么来加强或扩大新闻报道？我们能否更快地将新闻传递给读者？归根结底，围绕这些问题的技术会是我们软件即服务业务的一部分。如果我们正在开发技术并在多个出版商之间共享它，那么我们实际上可以构建一个比我们为《华盛顿邮报》构建得更好的系统。而现在每个出版商的算法仅使用该出版商自己的数据。

可以想象，构建这些定制系统的成本很高，这些成本不仅包括建造它们的成本，还有继续发展和改进它们的成本。添加其他出版商会产生飞轮效应，因为我们正在帮助减少该成本，并为每个人构建更好的系统。我们都将因此受益[9]。

至此，你已经对人工智能和机器学习的全部内容有了深入的了解，也知道了为什么这些技术对营销者来说越来越重要。你还知道你的营销组织如何使用 AI 营销画布作为你的路线图，通过应用人工智能和机器学习的五步法，将人工智能和机器学习放到营销工具包中。在下一章中，我们将仔细研究一个把所有五步都扎实地走完，使用人工智能和机器学习做到个性化，赢得客户认可的品牌：星巴克。

检查清单

- 检查你目前的人工智能平台和数据存储，并弄清楚要如何扩展它们为客户创造更多价值，同时体现对业务的积极影响。

总结

- 第五步，保收获。使用人工智能推动其成为重要的新增收入来源或形成新的业务模式，并将该业务模式发展成为一个平台为外部客户提供服务。

- 第五步并不适合所有人。如果你是一个专注于掌握第四步的"节点型企业"，第四步本身就已经很有挑战性了，而且能创造更多利润——这就足够了。

- 在第五步中，人工智能和机器学习被用来创造新的商业模式和收入来源，要么在核心业务中，要么通过将模式或能力扩展到其他业务中，从而创造一个新的收入来源，推动额外的发展（飞轮效应）。

- 此时，可能大部分开发都将在内部进行，因为你现在创建的模型具有战略性的竞争优势。

- 内部开发的优势在于，你可以自由地做实验——组合和重新利用各种模型实现不同的结果。

- 在继续实验的同时，保持对改善客户关系时刻和客户体验的活动的关注，并创造值得称道的价值。

第 13 章
AI 营销画布的综合应用：星巴克

当营销负责人向我们询问哪个伟大品牌是值得效仿的范例时，一个结合人工智能、机器学习、大数据和个性化营销来推动业务成果，以一种与 AI 营销画布相吻合的方式来实现成功的品牌是星巴克——一个喝杯好咖啡、和朋友见面叙旧或写最新剧本的地方。事实上，本书的一些内容也是在星巴克的咖啡馆里写的。星巴克通过咖啡将人们联系在一起，已有五十多年的历史，每周为超过一亿的顾客提供服务。

无独有偶，其中一些顾客就是那些喜欢喝咖啡的研究生。当在课堂上被问及"谁上周去过星巴克"时，几乎所有人都举起了手。而当被问及"你们中有多少人有星巴克的应用程序"时，大多数人的手仍然举着。学生们说，他们使用这个应用程序是因为下单和支付更方便。他们可以获得奖励，并收到个性化的优惠。事实上，星巴克网站的客户服务中指出，"我们希望为你的星巴克体验提供个性化的促销活动和优惠。因此，我们的优惠、促销和优惠券的具体内容因人而异。虽然你可能没有收到某项优惠或促销，但可能会有另一项个性化的优惠供你使用[1]"。

然而，不仅仅是这些靠超大杯拿铁为生的研究生在使用星巴克应用程序来获取个性化优惠。截至 2019 年 11 月，星巴克宣布它拥有 1760 万个活跃的会员，同比增长了 15%。虽然星享俱乐部会员现在大约只占所有顾客的 20%，但他们贡献了总销售额的 40%。星巴克公司总裁兼首席执行官凯文·约翰逊说：“在全球零售商中，我们不是唯一转向人工智能的，也不是第一个采用这种技术的。但在星巴克，我们正在利用世界一流的技术来践行我们的使命：启发和培育人的精神——一杯咖啡，一个人，一个社区和一个时刻[2]。"

为了让你了解如何实施五步法，我们仔细看看星巴克的发展情况。请记住，尽管我们把这五步表示为不连续的和有顺序的，但你实际工作的方式很可能涉及某几步同时进行。星巴克也不例外。然而，星巴克星享俱乐部会员正好符合第一步的要求：打基础。

星巴克星享俱乐部会员

根据技术调查数据公司宣言网（Manifest）的研究，2019年，星巴克星享俱乐部是快餐店中最受欢迎的客户忠诚度应用程序[3]。星巴克星享俱乐部的每个功能都可以通过智能手机的应用程序实现，无须携带实体奖励卡或用钱包中的其他东西来支付或获得会员星星积分。今天，除了在购买产品时赠送会员星星积分，星享俱乐部还提供其他功能，比如生日奖励、提前获得某些促销和优惠、个性化的折扣和优惠券以及双星日（Double Star Days）[4]优惠。

星巴克首席营销官马修·瑞恩（Matthew Ryan）说：“自从十年前推出星巴克星享俱乐部计划以来，我们经历了巨大的增长。我们还在不断更新迭代该计划，以满足客户不断变化的需求和购买模式。这些新的更新把选择权交到了我们的客户手中，同时，基于此衍生来的专属的定制化服务，客户也只能从星巴克独家获得[5]。"由于实施了星享俱乐部计划，星巴克现在有一个巨大的客户数据库，不仅包括客户的联系信息，还包括客户行为的记录，如他们购买的频率、他们购买和复购的东西、他们购买的地点和时间、他们兑换的优惠种类、他们成为会员的时长以及从移动设备识别号获得的他们的位置信息。

换句话说，星巴克已经成功满足了 AI 营销画布第一步的所有标准，也就是积累了"足够数量的高质量数据，用以开始训练机器学习模型和增强客户关系时刻"。然而，星巴克并不是一夜之间就达到了这个目标的。事实上，该应用程序、数据收集能力以及预测和提供个性化建议的能力，都是十多年来不断试验和纠错的结果。

星巴克 AI 营销画布时间表

看看你是否可以在此时间线中识别出与五步法一致的活动。

- 2007 年：星巴克开始试验移动应用程序[6]。
- 2008 年：推出"我的星巴克"创意网站收集客户提交的产品建议（第 202 个想法是在免下车服务时可以使用移动支付[7]）。
- 2009 年：推出我的星巴克奖励客户忠诚度计划和星巴克卡移动支付[8]。
- 2010 年：推出使用二维码独立支付的应用程序，该应用程序仅适用于苹果手机，并且仅在 16 家商店中有效。
- 调整其独立应用程序与塔吉特的条形码扫描仪配合使用，当时覆盖大约一千家星巴克门店。
- 将移动支付连接到客户忠诚度应用程序[9]。
- 添加黑莓手机作为第二个应用载体。向一位未经授权开发了安卓手机应用的星巴克轮班创意主管发出了"停止"警告函。

- 将两张星巴克卡合并为一个星巴克星享俱乐部计划[10]。
- 2011 年：推出了星巴克安卓版应用程序和星巴克电子礼品卡功能。研发了"星巴克魔术杯"（Starbucks Cup Magic）应用并在其门店等场景推行，以增强现实体验。
- 2012 年：将客户忠诚度计划和支付应用结合起来，并在内部进行开发[11]。
- 2013 年：向盒子支付（Square）投资 2500 万美元，并开始使用它来处理支付事宜，但从未直接使用其界面。
- 2014 年：面临应用程序上的密码安全问题。
- 推出星巴克移动订购和支付[12]。
- 切断与盒子支付的联系，并将处理转移到摩根大通。
- 关停了"我的星巴克"创意平台，并邀请客户通过推特及其网站提出想法[13]。
- 2015 年：聘请首席技术官格里·马丁－弗利金格（Gerri Martin-Flickinger）。
- 战略性放弃构建自己的技术基础设施，转而使用"云"。
- 2016 年：将其奖励从基于访问的结构改为基于购买的结构，这样就可以利用客户的支出习惯"让他们尝试原本不会尝试的东西，或者将某些东西悄悄地打折，向公司想要的方向激励顾客的行为[14]"。
- 开始提供个性化的食物建议，包括顾客可能会喜欢的与他们饮料的搭配，这些建议是由人工智能根据天气、购买历史和具有类似偏好的其他客户所做选择自动生成的[15]。
- 设计新的产品系列，满足那些从自己店里收集到的消费习惯数据和基于传统客户研究的数据所体现的需求[16]。

- 使用一个实时的、基于人工智能的个性化引擎重新制作其电子邮件投放程序，该引擎与星享俱乐部的消费数据相关联，使其每周能自动创建 40 万封个性化的不同版本的邮件 [17]。
- 2017 年：通过访问星巴克网站并输入优惠码，购物者能够从在普通线下杂货店中购买的星巴克产品中获得积分奖励。这一行为也会被添加到星巴克星享俱乐部计划中 [18]。
- 与微软合作开发其下一代个性化引擎"深萃"。
- 2018 年：推出第一张信用卡，让客户每次使用都能赚取会员星星积分 [19]。
- 2019 年：将奖励整合到一个单一级别的计划中。"通过这些更新，我们希望为会员提供各种各样的选择，让客户有选择，使奖励对他们有意义，满足他们的需求"，星巴克公司全球营销副总裁金德拉·罗素（Kyndra Russell）说 [20]。
- 苹果支付超过星巴克移动应用，成为美国第一大移动支付应用，这标志着一个通用的移动支付应用首次在美国国内市场领先于星巴克 [21]。
- 在认识到星巴克伙伴（咖啡师）的参与让品牌与客户建立了密切的关系，并且带来了更高的客户购买频次之后，星巴克开始安排更多的门店员工，增加门店层面的培训，并通过技术简化门店任务 [22]。
- 与布莱特罗姆公司（Brightloom）合作，将其个性化技术提供给其他零售商。

看完上述内容，你一定已经有所领会。重点是，星巴克很早就坚定采取移动设备优先的战略，这使其能够收集数据（第一步），然后星巴克能够利用人工智能和机器学习的能力（第二至四步）对客户体验进行深度个性化的处理，并最终转售其个性化技术（第五步）。

做实验与扩场景

从时间轴上可以看出，星巴克在不断尝试不同的方式来使用其数据（第二步），它不断地将人工智能应用于更广泛的营销活动。它还努力发展内部能力（第三步）。在这个例子中，第二步和第三步是混合在一起的。作为局外人，我们在此提供我们对上述时间表的最佳推断。

在 2016 年年初，星巴克每周发送 30 封手工制作的电子邮件。这个过程是由电子表格驱动的，而且有两周的滞后期。到 2016 年年中，星巴克重新设计了系统，将人工智能应用于客户奖励数据，这使得营销者可以实时发送 40 万封超个性化的电子邮件。这一转变解决了留存和增长关系时刻的问题，这是第二步的例子[23]。

星巴克是最早让客户从移动设备上提前下单和支付的公司之一。星巴克移动下单和支付于 2015 年推出，扩展了其已经在客户手机上的应用程序的功能（第三步）。星巴克还利用数据来帮助其菜单和产品线与客户的喜好保持一致。例如，在搭建其胶囊装和瓶装饮料系列产品线时，星巴克同时利用了商店数据和市场调查来决定创建哪些产品，实现客户关系增长时刻的个性化。其中一个发现是，许多喝茶的人不在茶里加糖，所以星巴克创造了两种不加糖的胶囊茶[24]（第三步）。

星巴克的"深萃"个性化引擎在发展内部能力方面，也有一只脚踏上了第三步。然而，它的影响远远超出了这个阶段，延伸到了第四甚至第五步。

"深萃"

从时间轴上你会看到，2017年星巴克与微软合作建立了"深萃"，这是公司内部的"个性化引擎"，我们可以把它归结到第四步。"深萃"平台使得星巴克星享俱乐部为客户提供超级相关的产品推荐的功能（包括应用内下单）被应用在各种渠道上。该系统可以通过原料、价格敏感度、时间、天气、地点和产品类型等因素来适应客户的偏好和环境，并向每个客户推荐饮料和食品。它可以根据客户的行为提供定制化的折扣和推广邮件。该应用程序还可以跟踪客户的地理位置，提供最近的星巴克线下店的方位，方便客户专门去店里下单。此外，星巴克还让客户有机会与应用程序上的"虚拟咖啡师"互动，通过语音指令提前在线下单，或者通过点击菜单下单。

该平台由微软云基础设施提供支持。除了为客户提供个性化服务，星巴克还希望通过"深萃"来"优化店员分配，推动商店的库存管理"，利用人工智能和其他与"物联网"有关的先进技术来消除业务中的摩擦、简化食品和饮料的生产、减少设备停机时间，并处理其他重复任务，以便其"伙伴"（即员工）有更多时间与客户交流，从而通过人与人之间的联系放大其技术个性化的能力。

星巴克首席技术官格里·马丁-弗利金格说："当你在店里走动时，你会看到很多人相互交谈，咖啡师和顾客之间有很多接触……在星巴克，做好技术意味着技术需要增强这种体验，而不是妨碍这种体验[25]。"

将"深萃"变现

星巴克通过投资一家名为布莱特罗姆的公司来实现其技术的变现，该公司由星巴克前首席数字官亚当·布罗特曼（Adam Brotman）负责[26]。布罗特曼称该投资举措具有历史意义，因为它将为行业提供一个一体化的数字解决方案，包括星巴克行业领先的客户参与软件。它计划以合理的价格向各种规模的品牌（包括竞争对手）出售这个系统，这是在明确执行第五步，即利用人工智能来推动重要的新增收入来源或新的商业模式，作为一个平台为外部客户提供服务[27]。

我们希望通过 AI 营销画布五步法的视角看到星巴克在人工智能和机器学习方面所做的工作，使我们更清楚地了解如何使用人工智能和机器学习来成功地增强客户关系时刻，以及享受随之而来的商业成果。

业务影响

这种深层次的个性化会持续让公司受益，它适用于星巴克星享俱乐部客户忠诚计划中不断增长的活跃会员。会员数在 2019 年第四季度约为 1760 万人（同比增长 15%）。作为一名营销者，你可能会发现，尽管 2018 年、2019 年美国的广告支出明显减少，但星巴克仍实现了收入增长（图 13–1 和图 13–2 所示分别为星巴克 2003 至 2019 财年全球净收入和其 2011 至 2019 财年全球广告支出）。它以尽可能多的方式使用技术来增强客户关系时刻的策略正在带来商业成果，因此，对于任何希望使用技术来拉近与客户距离并加强客户关系的品牌来说，它是一个很好的学习榜样。因此，当你的团队或你的首席财务官问你，谁在这方面做得很成功时，你可以告诉他们有星巴克、《华盛顿邮报》、祖源基因检测、可口可乐、摩根大通和联合利华，还有我们在本书中提供的所有其他例子，并这样说：我们也可以这样做！

你可能在想，"当然，像星巴克这样的全球大型高端品牌可以做到这一

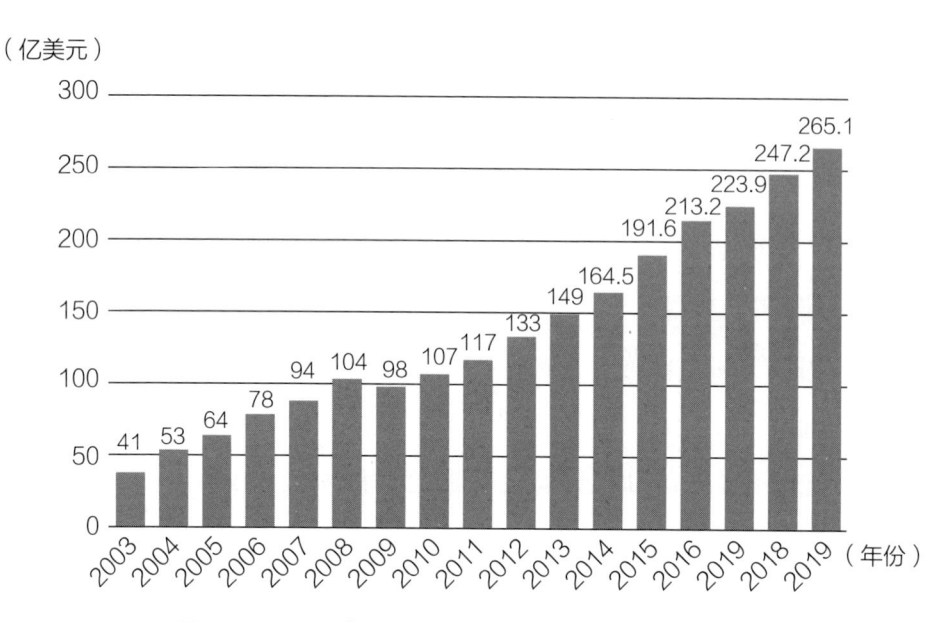

图 13-1　星巴克公司 2003 至 2019 财年全球净收入

资料来源：星巴克公司年度报表，2019 年 9 月。

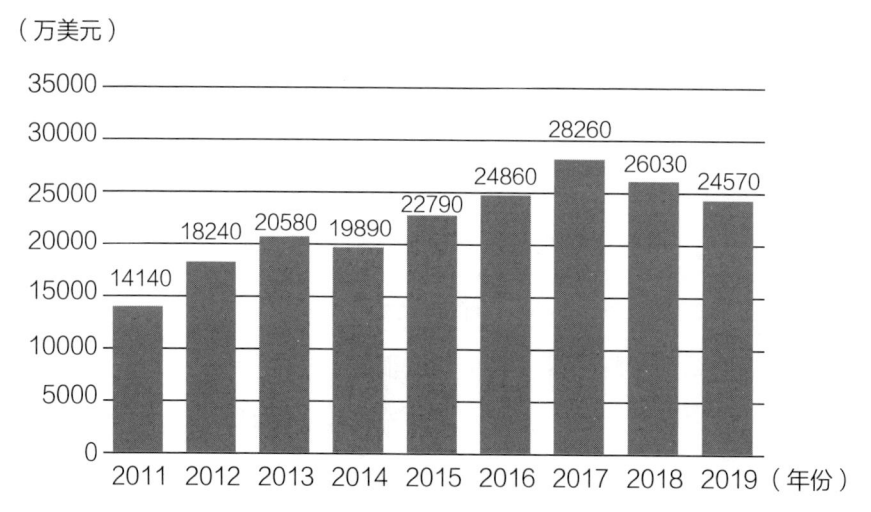

图 13-2　星巴克公司 2011 至 2019 财年全球广告支出

资料来源：星巴克公司年度报表，2019 年 9 月。

点,因为它们有动力。对我的品牌来说,这并不容易,甚至不可能"。基于我们对许多大大小小品牌的了解,我们仍然相信,你可以实现本书中描述的其他品牌所取得的成就,这就是利用人工智能和机器学习实现所有客户关系时刻个性化的能力,为品牌实现长期的增长赋能。你没必要照葫芦画瓢,因为你的品牌和你的业务与它们不同。你可以从其他品牌如何做到这一点中得到启发和有用的信息,但不要执着于跟随它们的脚步。从现在开始,加倍聚焦做你的品牌和业务自己可以做的事情,并利用画布向前迈进。

如前所述,将人工智能和机器学习应用于营销可以被认为是今天的竞争优势,但很快它将成为桌面上的赌注,成为所有成功品牌都在做的事情。这意味着,参与人工智能和机器学习不仅仅是为了投资回报,也是为了避免"忽视的风险"。也就是说,如果你选择不采取行动,而你的所有竞争对手都这样做,那么你将面临严重后果。在营销中使用人工智能和机器学习的指数级回报意味着"忽视的风险"非常高。

投资的另一个原因是,你可以确信的是,客户将越来越多地根据他们在星巴克、《华盛顿邮报》、祖源基因检测、可口可乐、摩根大通、联合利华和其他公司的经验来衡量你预判和满足他们需求的能力[28]。

最后,请注意星巴克新的业务重点,即利用人工智能减少重复性工作,以便其咖啡师可以花更多时间与顾客接触,建立一对一的人际关系。他们不仅利用人工智能在网上实现一对一的个性化,而且还增加了终极个性化体验的数量,那些只有另一个了解你的人才能创造的体验。这是一个很高的服务维度,星巴克已经为之努力了十多年,但不止一次失误。因此,你不可能在一夜之间做到这点,尤其是如果你还在搭建你的数字化基础,那也没关系。你不需要在当月就全部完成,但你必须立即采取行动。被甩在后面的风险是真实存在的。

现在，你已经牢牢掌握了人工智能在营销方面的"为什么"和"做什么"，特别是"为什么是现在"，其他我们希望你已经掌握的内容包括：①网络和节点有什么区别，你属于网络还是节点；②三股力量——技术进步、用户连接和信息冗余以及它们如何影响你今天的业务；③人们所经历的三波浪潮由四个历史时代组成：大众营销、细分营销、数据驱动的营销以及个性化的营销；④支撑人工智能和机器学习的基础计算机科学（我们希望这不会让你太痛苦）；⑤基本了解如何使用 AI 营销画布框架来创建一个战略路线图，将人工智能和机器学习纳入你的营销工具箱；⑥用基于几十个品牌的例子，清晰梳理和澄清 AI 营销画布五步法中的每一步所做的事情。

接下来，在第四部分，我们将把注意力转向"怎么做"。第 14 章"管理变革"专门讨论你将面临的关键的变革管理问题，这不仅涉及工作流程和程序以及所需人员方面，而且覆盖有效实施 AI 营销画布并向人工智能驱动的营销转变所需的文化变革的内容。

第 4 部分 实施

第 14 章
管理变革

> 人工智能和机器学习正在冲击着市场的各个层面和各个品类，就像数十年前的数字化和大数据一样。这种地震式的转变将需要新的思维、技能组合、战略和系统，并要求组织文化也发生变化。
>
> ——尼古拉斯·达沃-加诺（Nicolas Darveau-Garneau）
>
> 谷歌公司首席传播官[1]

成为一个由人工智能和机器学习驱动的组织对于任何组织来说都是一个艰难的转折点，谷歌也是如此。是的，即使是谷歌，也不得不转变为一个以人工智能和机器学习优先的组织。让我们看看他们是如何做出转变的，这样你就可以了解你的组织也需要经历的变化。

谷歌向人工智能所做的技术转变

谷歌是字母控股公司（Alphabet）最大的子公司。字母控股是一家位于加利福尼亚州山景城（Mountain View, California）的公司，其市值已超过 10000 亿美元，成为第四家（另外三家是苹果、亚马逊和微软）达到这一里程碑的美国公司[2]。

谷歌的主要收入来源是搜索和广告。当拉里·佩奇（Larry Page）和谢尔盖·布林（Sergey Brin）在1998年创立谷歌时，其最初的创新是一种叫作网页排名的算法，它通过研究网站之间的关系，更好地确定最相关的网站，并作为搜索结果返回。网页排名是一种基于规则的算法，它会分析一个特定网站的网页数量以及链接到这些网页的重要性。当你输入搜索内容时，谷歌的机器会在几毫秒内计算海量"如果–那么"（if-then）的语句，并将最佳搜索结果返回给你。

在谷歌早期，这个过程没有涉及机器学习，完全是大规模计算。然而在当时，这已经比其他搜索引擎前进了一大步，那些搜索引擎要么使用人工编辑来决定显示哪些搜索结果，要么使用简单的规则（如依据你的搜索词在一个页面上出现了多少次）来决定你将看到的搜索结果。然而，自2006年以来，谷歌搜索的工作方式一直在发生实质性的变化。现在越来越多地由机器学习和神经网络来决定用户看到的搜索结果。随着2012年图网项目的出现（在第6章中讨论过），以及在2014年谷歌收购了一家名为深度思维的公司之后，这种对机器学习的关注变得更加强烈了。[3]

你今天看到的搜索结果是谷歌所谓的排名大脑的结果。莫兹网（Moz）的专家将排名大脑描述为[4]"谷歌核心算法的一个组成部分，它使用机器学习（机器从数据输入中自我学习的能力）来确定与搜索引擎查询最相关的结果"。因此，当你今天搜索"巴黎最好的酒店"或"20世纪40年代好莱坞哪个女演员也是发明家"时，显示的结果是基于机器学习的分析。这就是谷歌搜索结果如何变得越来越好的原因。

谷歌向人工智能所做的文化转变

虽然谷歌的工程师能够在机器学习方面取得巨大进展,但这只是故事的一半。在机器学习方面取得技术进步是一回事,但管理组织变革,像谷歌正在做的那样,将公司的未来押宝在机器学习上,则完全是另一个挑战。这需要一种领导力,以及对公司的员工、公司的流程、公司的文化和潜在利润来源有全新的思维方式。

字母控股(谷歌母公司)执行主席的埃里克·施密特(Eric Schmidt)和谷歌首席执行官桑达尔·皮查伊(Sundar Pichai)认识到需要在整个谷歌推动这一变革,早早开始提出外部和内部的各种理由。在2017年谷歌的"下一代云"(Cloud Next)大会上,施密特非常直接地宣布:"我敢打赌,在我剩下的职业生涯中,你们业务的未来在于大数据和机器学习在商业机会和客户需求挑战方面的应用……就在你面前,你将使用机器学习来处理这些数据,并做一些比人类做得更好的事情。"他预言,它将[5]"创造巨大的新平台、公司、新的上市公司(IPO)、财富以及未来其他巨大的事情"。

虽然谷歌的员工在2017年之前普遍了解机器学习,但大多数人只是把它看作有趣的、不断发展的或值得关注的东西,还没有把它看作公司或他们个人未来的主要焦点。因此,施密特的这一声明在谷歌中引起了轰动。这是向员工发出的号角,激励他们开始关注机器学习。这时,谷歌的每个人都认识到,"这是我们公司的未来,同时,对一个职业经理人来说,这对我未来的事业至关重要"。

在2017年的分析师电话会议上,桑达尔·皮查伊回应并放大了施密特的声明,"我确实认为,从长远来看,我们将在计算方面从移动设备优先发展到人工智能优先"。然后,在2018年1月的一次市政厅会议上,他表示

"人工智能是人类正在研究的最重要的事情之一。虽然我不是很了解，但它的影响会比电或火更深远"。这些说法确实引起了谷歌员工的注意，变革开始迅速发生。桑达尔推动团队改造谷歌的所有产品和服务，使之成为人工智能驱动的产品和服务，并推动每个谷歌员工精通机器学习的基本原理。谷歌推出了网站"https://ai.google/"，让其员工和世界开始了解这种先进的计算和解决问题的方法。也许最重要的是，桑达尔让机器学习专家约翰·詹南德里亚（John Giannandrea）负责谷歌搜索，坚定地将机器学习作为其核心产品，为搜索结果和广告提供动力，这进一步转变了集体的心态[6]。关键是，即使是谷歌也不得不改变思维方式，转变企业心态，以确保它能够继续提供机器学习驱动的个性化服务，这是现在和未来成功的必要条件[7]。

现在，我们知道，不是每家公司都像谷歌那样是价值数万亿美元的全球公司。你可能在一家中型公司或新成立的公司工作，或者你可能是一人咨询公司的独资经营者。无论你的规模如何，在谷歌内部发生的那种向人工智能和机器学习的转变也需要在你的组织和团队中发生。从谷歌向人工智能平台转型的故事中，我们可以看到施密特和皮查伊遵循了约翰·科特在其1996年出版的《领导变革》（Leading Change）一书中提出的八步变革模型（见图14-1）。[8] 前三个步骤——增加紧迫性、确定管理团队和建立愿景——是为了营造变革的氛围，接下来的三个步骤，沟通愿景、授权赋能和积累短期胜利，是为了让组织参与进来，并为其提供支持。第七个步骤是巩固战果，第八个步骤是将行为模式深植于企业文化。谷歌的领导人创造了变革的氛围，然后让组织参与并对其授权，取得了短期胜利的同时保持警惕。他们不断地强化这个新方向！

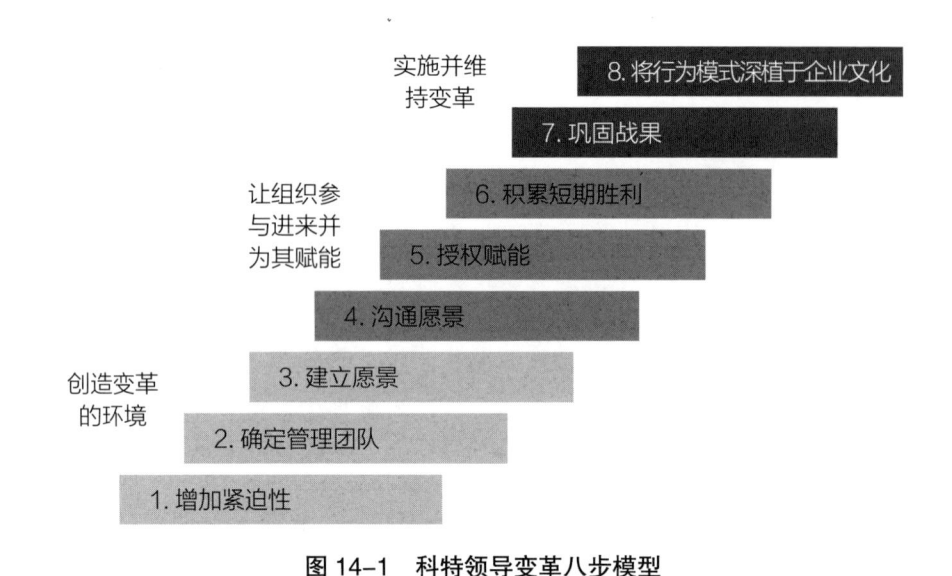

```
实施并维          8. 将行为模式深植于企业文化
持变革
                  7. 巩固战果
让组织参       6. 积累短期胜利
与进来并
为其赋能    5. 授权赋能
          4. 沟通愿景
        3. 建立愿景
创造变革
的环境  2. 确定管理团队
    1. 增加紧迫性
```

图 14-1　科特领导变革八步模型

同样，我们认为，作为营销负责人以及组织内的领导者，需要提出向人工智能和机器学习驱动的营销转变的理由，然后营造变革的氛围，让你的组织参与进来，取得一些短期的胜利（营销画布上的第一步和第二步），拒绝放松，强化新方向，将团队推到第三和第四步，如果合适，还有第五步！

具体来说，这将需要你在以下维度上做出非常具体的变化。

人员、流程、文化、利润

作为领导者，仅仅发表"我们的组织需要改变"或"我们需要将人工智能作为营销的优先事项"等泛泛的声明是不够的，你需要亲自领导从手工策划的营销到机器主导的营销的转变，这涉及四个具体的维度：人员、流程、文化和利润。以下是你需要在每个维度上所要做出的转变的概述。

人员

要使 AI 营销画布发挥作用，需要一个具有新技能和新理念的营销团队，这不同于传统的营销团队。

在这个过程中，首要任务就是任命你在第二部分中所了解到的人工智能营销斗士。人工智能营销斗士的工作是监督你所有的人工智能和机器学习营销计划，扮演营销和数据科学之间翻译的角色（注意：这个角色应该负责的事情的完整清单位于第 10 章）。任命这个人的最佳时机通常是当你从第二步（与外部合作伙伴和服务商合作）迈向第三步（你开始越来越多地利用公司内部的能力来执行人工智能赋能的营销）时。

你要寻找的人工智能营销斗士的特质如下：

- 有项目管理专业知识和相关经验。虽然你可能想找一个有良好资质的人，但不要执着于要求其持有项目管理专业人员证书等。
- 两边的业务都要轻车熟路。你需要一个既精通数据和技术，又精通营销和创意技巧的人——他能流利地讲两种"语言"。
- 具有高超的交流技巧。他不仅应该积极主动地与团队沟通，还应该与你沟通。
- 有能力成为一个主动做事的人。让某人担任这个角色的全部目的是让你不必对他们做微观层面的管理。寻找一个被证明是主动做事的人，他将以热情的态度接受这项任务。
- 有天然的协作技能。这个人很可能是你要与之合作制订计划的人，而良好的合作会提高协同作用和创造力。
- 拥有建立关系的技巧。人工智能营销斗士的任务是协调各职能部门的人去做计划中的事情，所以他需要知道如何培养这些关系，并能诱使人们去做一些可能不直接符合他们最大利益的事情。

- 善于敏捷管理。你需要一个有紧迫感的人，并且在快速交付方面有良好的声誉，因为这些计划的成功取决于对速度的追求。这个人需要从每周甚至每天推动进展的角度来考虑问题，而不是每个月甚至每年。
- 坚持不懈。你需要一个能够在面对挑战和障碍时勇往直前、不气馁、不放弃的人，因为这种程度的变革将是很艰难的。

在这个"营销科技专家"的角色中，人工智能营销斗士是你所有人工智能和机器学习营销努力的倡导者，他将与内部员工合作。这意味着你必须始终公开支持这个人所做的一切。如果有失误或疑虑，你要私下解决它们。组织必须接受这个人作为代表。如果你对他的能力表示怀疑或中伤他，可能会出现两种情况：①公司其他相关员工会逐渐疏离你，在没有你的情况下人工智能营销斗士将无法完成任何事情（这正是你不想要的）；②他们会觉得人工智能和营销转型对你来说不那么重要。

因此，在每周的团队会议上给你的人工智能营销斗士一些时间，并在你的全体员工会议上、公司通信中和公司非正式会议上展示他们。尽你所能向组织发出信号，这个人正在领导公司未来发展的头号关键任务。尽管人工智能营销斗士很重要，我们怎么强调都不为过，但光靠你和人工智能营销斗士并不能单独完成这一转变。你的整个团队需要和你一起"上船"。

正如谷歌的施密特和皮查伊所做的那样，你将需要全面地传达对人工智能的全新关注，让"船上"的每个人都朝同一个方向使劲。专门召开一次"全体人员"会议是做这件事的好时机。你也可以在那个时候向大家介绍你指派的人工智能营销斗士。接下来，拨出一些预算，让人们参加尽可能多的培训，这是一项投资，随着你在 AI 营销画布每个步骤上工作的逐步达成，它将为你带来巨大的回报。考虑聘请一位外部专家在公司的外部活动中与你的团队讨论人工智能，或者让整个团队每月阅读一本关于人工智能营销的书籍或观看一段关于人工智能营销的"油管"视频。还可以考虑将人工智能的一个方面纳入你的员工考评中。大多数季度或年度考评已经有一个围绕"学习和发展"的维度，衡量一个员工在多大程度上提高了自己的技能组合。告诉你的团队，你将评估他们在人工智能方面的成长，作为"学习和发展"维度的一部分。我们甚至知道有一位营销负责人为他的团队设立了一个"季度人工智能之星"的奖项，以此表彰每个季度在人工智能方面取得最大进步的员工。

简而言之，你必须在所有沟通中表明，在 AI 营销画布上取得进展是你的首要任务！

除了现有员工，你还需要开始筛选潜在的团队新成员，了解他们在数据、计算机科学、人工智能和机器学习方面的知识和能力。事实上，我们的立场是，从现在开始，你雇用的每个新人都需要具备一些机器学习能力。我们知道这听起来很极端。但是，如果你真的相信这就是未来——到此为止，希望我们已经说服了你——那么你的整个团队越早熟练地掌握人工智能和机器学习，你就能越快越好地走向这个未来的状态。

顺便说一句，我们班上的大多数 MBA 学生现在都在学习什么是人工智能以及如何把它应用于营销。你会惊讶于有多少新出炉的 MBA 可以使用 Python 和 R 来构建机器学习模型！

内部调动是为你的营销团队快速增加人工智能和机器学习专业能力的另一个方式。例如，你公司的数据科学团队中是否有人可能对营销角色感兴趣？在过去，你可能会因为他们缺乏营销经验而给他们一个"硬性规定"。现在，如果一些想跳槽的人有很强的数据和计算机科学技能（有良好的沟通能力是一个优点），给他们一个机会加入你的团队，对你们双方来说都是一件好事。

既然你已经表达了向人工智能和机器学习营销的转变是你的首要任务，并且已经开始委任人工智能营销斗士、培训你的营销团队，并根据他们在机器学习方面的技能来选择新员工和调岗，那么下一步是让你的团队开始以不同的新方式和流程来工作。

流程

使用人工智能进行营销需要一个更像软件开发的过程，而不像传统的长期活动策划。传统营销者会在数字营销活动之前进行广泛的基础研究，规划每一个细节。如果一个营销活动涉及在"超级碗"（Super Bowl）期间做电视广告投放，那么压力就更大了。长期规划也反映在新产品创新和定价上。直到最近，营销团队在执行重大举措之前花上一年时间进行规划的情况仍不少见。

数字营销引入了快速实验的理念。这种做法很有益，因为在线进行实验既便宜又快速。你可以在一天甚至一个小时内更改你的创意、报价、定位和媒体展示的位置，以优化你的结果。因此，营销开始从研究、计划和辩论的学科转变为测试和学习的学科。有了数字营销，你的工作就变成了做出合理假设并快速测试它们。与此同时，拓展效果好的方法的应用场景，撤回效果不佳的方法，而不用去争论正确的答案如何。根据我们的经验，大多数营销团队现在对这种方法的应用越来越熟练自如，尽管大多数情况下它涉及一个单一的营销时刻，如"获取"或"转化"，但在这个过程中，团队迅速迭代，以最低的成本找到最多的新客户。这被称为"底部漏斗营销"（lower-funnel marketing）。在其他领域，如"品牌营销"，许多营销团队继续使用传统的季度/年度方法，进行一些预先的测试和会议室辩论与决策。这就是所谓的"顶部漏斗营销"（upper-funnel marketing）。

那么，人工智能营销的最佳流程是什么？人工智能进一步采用了从数字营销沿用而来的实验思维。例如，这种思维方式下，不再是每天早上开会审查对你的营销活动的响应并决定如何修正和更新你的营销活动，而是使用人工智能，机器只是在后台运行并不断更新自己，进行持续优化而不是偶尔做出决定。这个过程当然有可能进一步改善你的营销效果，因为我们在正确的时间、正确的地点向正确的人更频繁地发送最佳的信息。

这种情绪也反映在信息技术解决方案提供商"踪迹3"（Trace3）的新兴技术总监凯瑟琳·约翰逊（Katherine Johnson）下面的一段话中，她在回答关于企业了解将人工智能引入企业的必要过程的问题时说："他们不了解。他们不了解！我认为很多公司成立了各种委员会去讨论如何以最好的方式引入人工智能，然后由委员会来决定，而不是寻找那些能快速获取正反馈的切入点……公司倾向于寻找有痛点的领域，而不是有收获的领域。而有收获才是人工智能取得成功的关键。不要试图解决一些有巨大痛点的领域，从能产生收益的领域开始[9]。"

AI营销画布建议进行大量快速的实验快速了解客户。要实现这一点，你需要专注于两个主要方面：①制订类似于软件开发的敏捷营销流程；②培养由营销者、服务商、数据科学家和信息技术专业人员组成的多学科团队。

第一步是用敏捷冲刺取代季度倡议。例如，我们曾与一家公司合作，每两周在同一时间进行两次敏捷冲刺。一个冲刺小组设计一个新的营销方案，另一个冲刺小组测试上一个冲刺小组设计的营销方案。每个冲刺小组的成员每隔一周在全公司都能看到的大厅展示他们的工作成果。该公司还有一个审查委员会，确保机器学习和人工智能遵循正确和一致的原则。任何员工都可以提出一个营销冲刺。审查委员会评估该建议对公司的优先级，如果批准了采纳该建议，就把该建议放在敏捷冲刺计划中进行设计和测试。这种快速和持续的实验过程使公司能够迅速从客户那里获得反馈，并在不断获得快速正反馈的基础上进步。随着这些冲刺和正反馈的不断达成，公司会改变其营销流程，使其更加以数据和客户洞察为导向。

同样，你的人工智能营销斗士将在这里对你和你的团队有巨大的帮助。在你实施越来越多的人工智能驱动的营销之后，一个技艺娴熟且精心挑选而来的人工智能营销斗士将很熟悉这种让流程不断进化的方法，并帮助你在整个团队中以标准化和可扩展的方式实施它。

文化

成为一个世界级的人工智能营销组织，需要的不仅仅是进化营销团队的成员和他们的工作流程。要想长期成功，你还需要转变团队的心态和态度——这种转变需要文化变革。然而，根据埃森哲公司（Accenture）的一项研究，55%的首席营销官说他们没有一种能够激发创新或实验的文化[10]。

新的文化必须是一种拥抱数据、实验、概率和速度的文化，就像我们在本书中介绍的那些公司。但你从哪里开始呢？答案是，从你和你的团队所重视的东西开始。

当然，你重视结果和投资回报率。不同的是，在一个人工智能营销组织中，你还需要特别重视如何获得这些结果。你可能还重视直觉和经验，尽管这些东西仍然重要，但随着人工智能的到位，你还需要重视数据、数据模型和科学方法。最理想的情况是，你的文化将成为一个利用其直觉和经验来产生连续不断假设的文化，所有合理的假设都将得到测试，数据最终决定了实验的结果，要么赢，要么输或平局。

数据击败观点。鼓励你的团队进行实验，将每个营销问题视为预测问题，在这个问题上，机器学习可以提供一个比人手工驱动的答案更好的结果，如"我们应该针对谁？"之类的问题变成"最可能参与我们活动的目标客户是谁？"这种思维方式是一种以数据和概率来看待世界的文化的标志。帮助你的营销团队理解从文化思维转向概率思维的一种方法是，让他们都阅读安妮·杜克（Annie Duke）的优秀著作《对赌》[11]（*Thinking in Bets*）（由作品集出版社 Portfolio 于 2018 年出版）。安妮是一名扑克世界冠军（扑克玩家从概率的角度看待游戏），她的书很好地展示了我们大多数人是如何习惯于用"成功或失败""是或否"和"对或错"来思考问题的。想一想你最近参加过的营销会议中有多少使用了这些字眼！

在现实中，我们周围的世界实际上都是关于概率的，就像机器学习一样！

作为领导者，你需要提出以下问题：

- 是否有观点抑或是有机器模型说明了这一点？
- 我们的实验是否足够多？我们应该进行更多的实验吗？
- 该结果的概率是多少？
- 我们如何才能更快地行动、减少整个周期的时间并尝试更多的事情？

提出这些问题的营销组织将创造一种文化，能够支持团队走向成功实施人工智能和机器学习的未来。

有一种文化值得注意，它经常会阻碍从手工策划转变到机器驱动的营销：整个团队觉得一切都围绕着数据和计算机科学，而创造力、直觉和经验不再重要了。这可能会疏远团队成员，给他们当头一棒的感觉："等等，现在只有数据重要吗？我以为营销是关于宏大的想法和创造力的。"为了解决这个问题，要养成用"是的，而且……"来回答的习惯。在这种情况下，回应将是："是的，宏大的想法和创造力仍然重要，现在数据、人工智能和机器学习也很重要。"

利润

你需要解决的最后一个维度，通常是管理层最关心的一个维度：利润。在人工驱动模式下运营的公司依靠少数的高利润率销售来实现收入目标。营销者的主要目标是创造一个强大的品牌，与目标客户群有足够强大的情感共鸣，让客户愿意为它支付远远超过商品的成本溢价。

虽然这仍然很重要，但我们预见到，在这个由人工智能驱动的新营销世界中，公司可能会从他们的活动中获得更少的单位利润和回报，因为个性化正在为每个人提供独特的促销活动。如果你只关注利润影响，这看上去会是负面的，直到你意识到人工智能营销将允许你以最小的成本支出在同一时间向大量客户发起多个促销活动。

然后，盈利模式从面向多个细分市场营销活动的巨大投资回报率转换为许多营销活动的较小投资回报率，这些活动通过人工智能和机器学习的力量为每个客户提供最佳的个性化服务，从而将重点从利润率转向总利润。这将要求营销和财务领导转变他们的思维方式。传统活动的投资回报率或单位利润率不能轻易地与人工智能活动的投资回报率或单位利润率进行比较。此外，人工智能活动需要时间来学习，所以其最初的投资回报率可能是负的。在用营销和数据科学知识对人工智能机器进行微调时，公司需要有耐心，让模型有时间学习，让你能够引导组织迈过 AI 营销画布的每一步。

我们预测，大多数公司可以通过掌握第一步到第四步来创造更多利润。然而，如果你的公司致力于 AI 营销画布并建立正确的工具，你可能会像星巴克和《华盛顿邮报》那样，通过向其他公司出售你的人工智能营销工具（第五步）来开辟一个新的利润来源。这可能适合，也可能不适合你的公司，但这是值得向往的事情。因此，在一个强大的人工智能驱动的营销世界中，"利润"的概念不仅仅是更快地销售更多的产品和服务，它最终是要把蛋糕扩大到产品或服务之外，使你的人工智能和机器学习平台变现，这样你也可以把它们卖给别人。

正如我们之前提到的，这个旅程并不容易。在下一章中，我们提供了一个评估会议的指南以及一个你可以做的诊断，使事情进入正轨。我们还讨论了你可能要弥补的四个差距，这将需要内部文化和思维方式的转变。

第 15 章
着手启动

> 危险的是，在眼前的情形要求你摆脱舒适和习惯的时候，你却仍旧依附于这两者。
>
> ——杰弗里·摩尔（Geoffrey Moore）
>
> 《跨越鸿沟》（*Crossing the Chasm*）作者

在意识到转型势在必行之后，无论是在人员、流程、文化还是在盈利方式层面，现在是时候让你的团队坐在一起真正开始行动了。你已经做了足够多的研究、思考和阅读（本书接下来的内容会指导你如何做）。现在是采取行动的时候了。

营销中的人工智能评估会议

请先给你直接管辖的营销团队安排一次 90 分钟的人工智能营销"评估会议"。你应该邀请以下角色：你直接领导的核心团队负责人、你的营销运营负责人、你的数据分析负责人、首席信息官团队的代表、首席财务官团队的代表（即你的财务合作伙伴）以及项目管理办公室代表或项目经理。

这次会议的目的是，就你在 AI 营销画布上所处的确切阶段达成一致，你需要做什么来进入下一步，谁将负责这项工作以及在什么时间范围内完成这项工作。为了帮助指导你在这次评估会议上的讨论，我们开发了一个小测验，作为诊断工具使用。你也可以用它来指导跨职能团队会议中关于"我们在哪里"和"我们在这里需要做什么"的讨论。

我们喜欢的一种方法是，小组长事先将测验分发给每个小组成员，收集结果并计算出每个项目的平均分和值域，然后制作一些可以在屏幕上放映的幻灯片，在你们一起讨论每个诊断项目时以它们为参考。如果你和我们一起坚持到现在，你会发现其中很多内容看起来很熟悉。没关系，这可能是你的团队第一次接触到这些概念。

这套诊断测验不需要在每次会议上都复习。它们是讨论的起点，旨在帮助你开始探索并为你的人工智能之旅制订计划。关键项目是第 6 和第 7 项，在这两项中，我们询问数据是否在足够长的时间内覆盖了足够多的客户，用作开发可靠的算法和效果测试。如果你的组织目前没有专注于客户，没有如沃顿商学院的彼得·法德（Peter Fader）所说的那样"以客户为中心"，那么用人工智能实现个性化的客户体验可能并不适合你。

人工智能和机器学习的诊断工具

根据你对组织战略的理解，使用 5 分制选择你对以下陈述的同意程度，其中"1"表示你非常同意，"5"表示你非常不同意。

（1）长期的客户关系是我们公司的战略重点。

（2）开发数据驱动的客户洞察是我们公司的首要任务。

（3）我们的客户更喜欢我们根据他们的喜好提供个性化的产品。

（4）我们的客户只喜欢低价。

（5）我们公司面临来自技术平台的竞争（如谷歌、亚马逊、脸书、苹果、微软）。

第一步：打基础

请以 0—100% 的比例指出你收集潜在客户一手数据的水平（即你收集的可直接归因于个人行为的数据）。

请用 0—100% 的比例表示你收集当前客户一手数据的水平（即你收集的可直接归因于个人行为的数据）。

请根据你对公司数据结构的理解，使用 5 分制说明你对以下陈述的同意程度，其中"1"表示你非常同意，"5"表示你非常不同意。

（1）我们的数据库可以识别每个客户与公司的交易。

（2）我们的数据库可以识别公司针对当前客户的每一项行动。

（3）我们的数据库可以识别每个潜在客户与公司的交易。

（4）我们的数据库可以识别公司针对潜在客户的每项行动。

（5）我们的数据库可以轻松访问有关当前客户的信息。

（6）我们的数据库可以轻松访问有关潜在客户的信息。

（7）我们公司在不同时间段不断跟踪当前客户的行为。

（8）我们公司在不同时间段不断跟踪潜在客户与公司的互动。

第二步：做实验

请对以下陈述回答"是"或"否"。

（1）我们希望用第三方服务商的人工智能解决方案进行实验，至少在一个客户关系时刻（即获取、留存、增长和推荐）上使我们与客户的互动个性化。

如果对第（1）项的回答是肯定的，请用 5 分制说明你对第（1）项中所做实验的同意程度，其中"1"代表你非常同意，"5"代表你非常不同意。

（2）我们已经确定了一家服务商来开发可以在实验中测试的人工智能系统。

（3）我们已经分配了预算来做这些实验。

（4）我们已经确定了评估实验性能的指标。

（5）我们已批准进行多于一轮的实验。

第三步：扩场景

请对以下三个陈述回答"是"或"否"。

（1）我们对来自第三方服务商的人工智能解决方案进行了实验，这些解决方案可以使得我们与至少在一个客户关系时刻（即获取、留存、增长和推荐）上的互动个性化。

（2）我们预计开发基于人工智能的系统，在客户关系时刻的其他方面测试第（1）项中实现的个性化。

（3）我们预计开发基于人工智能的系统来实现客户关系时刻个性化，但不局限于第（1）项中测试的关系时刻。

如果你对第（1）项的回答"是"，且对第（2）项或第（3）项中的回答也是"是"，请用 5 分制选择你对以下陈述的同意程度，"1"表示你非常同意，"5"表示你非常不同意。

（4）我们已经确定了人工智能营销斗士：领导公司人工智能营销计划的负责人。

（5）我们正在投入人力发展公司内部的人工智能营销能力。

（6）我们汇总了人工智能实验的结果，并将其提交给了高层管理人员。

（7）我们正在制定一项预算，建立用于所有客户关系时刻的人工智能营销能力。

（8）我们正在根据实验反馈改进人工智能模型。

（9）我们拥有一支由高级管理者组成的跨职能团队，共同开发人工智能营销能力。

（10）我们正在开发一种敏捷方法来进行多项人工智能营销实验。

（11）我们正在开发一种敏捷方法来跟踪人工智能营销实验的表现。

（12）我们正在开发一种敏捷方法来快速进行营销实验，没有一个实验持续了超过一个月的时间。

第四步：促转型

请对以下陈述回答"是"或"否"。

（1）我们开发了基于人工智能的系统，可以实现一个或多个客户关系时刻的个性化。

（2）我们预计使用人工智能来实现所有客户关系时刻（获取、留存、增长和推荐）的个性化。

如果你对第（1）项和第（2）项的回答都是肯定的，请使用5分制表示你对以下陈述的同意程度，其中"1"表示你非常同意，"5"表示你非常不同意。

（1）我们正在跟踪人工智能和机器学习实验的结果，以便我们可以为高层管理人员准备一个可靠的商业案例，为在营销计划中进一步实施人工智能和机器学习提供资金。

（2）我们的商业案例将建议在内部建立一个人工智能营销团队。

（3）我们的商业案例将建议购买一家人工智能营销公司。

（4）我们已经明确了外部服务商现有的解决方案无法满足公司所需的客户关系时刻个性化的领域。

第五步：保收获

请使用 5 分制表示你对以下陈述的同意程度，其中"1"表示你非常同意，"5"表示你非常不同意。

（1）我们正在积极讨论利用我们在现有客户中的人工智能营销能力来增加收入来源。

（2）我们正在积极讨论利用我们在新客户中的人工智能营销能力来增加收入来源。

（3）我们正在积极讨论利用人工智能营销能力来开发一个基于网络的商业模式，连接不同的利益相关者。

这组陈述应该会为你的团队提供扎实的讨论基础。如果你没有按顺序完成每一道题目也没关系。但在讨论的过程中，你应该清楚分数在哪个题目开始从 4—5 分下降到 1—2 分。例如，如果你在第一步中的回答平均得分是 4.8，在第二步中平均得分是 4.2，但在第三步中平均得分只有 2.6，这个下降意味着你目前处于第二步，需要计划迈向第三步。然后，你可以参考本书第 10 章，在那里我们讨论了第三步的所有事项，以建立你的待办事项清单。

我们认识的一些团队每年都会做类似这样的诊断，以跟踪他们在成为人工智能驱动的营销组织方面的总体进展。了解了这一点，你就可以向首席执行官或董事会介绍你在营销方面的人工智能战略规划以及你在这方面的进展。"我们今年开始处于第二步，我们的目标是在今年底前稳健迈向第三步。"这样一来，"在营销中更好地使用人工智能"的说法就不再是模糊和抽象的东西，它是一个可以使用 AI 营销画布和这个诊断工具来衡量的目标。

四个差距

当你在考虑这个诊断测验并在 AI 营销画布上向上移动时,我们想提醒你,你可能必须弥补四个差距(见表 15-1),这将需要内部文化和思维方式的转变。为了尊重杰弗里·摩尔,我们不想确切地称它们为"鸿沟"(chasms)。但在一个宽泛的意义上,你可以这样认为。想象一下,每个阶段之间都有一个缺口、一个"鸿沟",一个你进入下一步需要克服的障碍。这些自然的分离实际上创造和定义了五个独立的步骤,而不是所有的阶段都相互渗入或融合在一起的。差距是各步骤之间的硬性标准。因此,一旦你在评估会议上确定了自己所处的位置,我们希望你能思考一下自己必须

表 15-1 四个差距

步骤	差距类型	关键问题
第五步		保收获
差距四	商业模式	是否要直接变现?这是 CEO 与董事局层面要讨论的。
第四步		促转型
差距三	顶级的人才和能力	内部搭建模型还是收购?首席财务官与首席信息官层面的讨论。
第三步		扩场景
差距二	流程 / 文化	人、流程、文化所需的必要变革是否做了?首席营销官 + 数据团队。
第二步		做实验
差距一	心智与优先级	先决条件。我们如何从由人工主导转向数据驱动的市场营销?首席营销官。
第一步		打基础

克服的差距再迈入下一步。

让我们更深入地了解每一个差距。第一个差距，即第一步和第二步之间的差距，存在于人工驱动和数据驱动之间。为了缩小这一差距，你的公司必须投入资源来巩固数字化基础。如果你的公司仍然处于这个阶段，利用你借助服务商在人工智能营销上做出的努力，形成案例来说明现在有什么可能的选项、即将发生什么以及为什么管理层应该把完成这个过程作为优先事项。

第二个差距发生在第二步和第三步之间，主要与即将发生的文化变革和找到合适的人才来推动这个过程有关。

在第三步和第四步之间，你正在努力决定是在内部着手构建模型还是购买另一家公司并将其整合到你的公司中。这是一项战略决策，其影响需要战略委员会和董事会进行深入研究。

最后，第四个差距出现在第四步和第五步之间，在这个阶段，你决定是否有必要将自己所创建的系统变现，为公司创造额外的收入。这个阶段很艰难，把它理解为一个"鸿沟"而不是一个差距也很合理。不是每家公司都能或渴望达到第五步，因为它很可能涉及在公司层面做改变（如谷歌、《华盛顿邮报》和星巴克的案例）。

所有想在这个新的人工智能领域赢得竞争的公司都已经或将要面临这些挑战。关键是要寻找和预判到这些挑战，并且制订计划来面对这些挑战。无论如何，这些都是你需要进行的战略讨论，它超越了战术、操作或执行问题，所以让正确的利益相关者参与进来至关重要。特别是当你考虑到第四步和第五步之间的差距时，首席执行官的参与变得越来越重要。

现在你已经开过评估会议，知道了四个差距，是时候填写画布了。为了简单起见，让我们看看你是如何为这家虚构的"拉吉的面包店"填写画布的（见表 15-2），该企业目前正专注于第三步。

表 15-2 第三步中"拉吉的面包店"

	人工智能获取	人工智能留存	人工智能增长	人工智能推荐
第三步：扩场景 在更广的营销活动上应用人工智能。任命 AI 营销牵头人。协调各方的时间精力，以及内部做开发的能力。	脸书定位潜在客户	应用上的忠诚度积分的奖励	应用上的定向推送（需要额外的本地存储数据）	
关键问题：				
我是继续深耕某一个客户关系时刻，还是进入下一个？	聚焦于看上去类似的用户（深耕）	通过对奖励的设计，识别复购客户（扩大销售）	基于客户的交易数据，开发针对下一款产品的预测模型（扩大销售）	
在公司内部的不同职能上我的核心成员有谁？	社会化营销	信息技术、销售、市场营销	应用开发，信息技术	

一个完整的 AI 营销画布案例："拉吉的面包店"

画布提供了路线图，但这只是流程的第一部分。在开始操作画布时，你还需要考虑以下七个关键问题。

（1）预期的结果是什么？

（2）谁负责整个流程的工作？

（3）服务商是谁？

（4）有哪些实验，是否有实验日期？

（5）数据的范围是什么？是否有足够数量的客户数据且覆盖足够长的周期？

（6）每个实验预计完成的时间是多久？

（7）评估成功、失败和学习的标准是什么？

好消息是，你不再需要从头开始。你现在可以了解到网络和节点使用的模式、路径和方法，用人工智能和机器学习为他们的客户关系时刻赋能。更重要的是，你现在有了 AI 营销画布，当你的公司接受新的方式来优化人员、流程和文化，为创造更强大、更持久和有利可图的一对一客户关系服务时，你可以用这个工具来指导战略选择。在下一章也就是最后一章中，你将了解到作为一名专业的营销者需要做什么，确保你在这个现代营销的新世界里不仅能生存，而且能有所发展。

第 16 章
号召行动

你能做的最好的投资就是对自己的投资。

——吉姆·莱辛斯基

本书的主要目的是协助你发挥营销领导者的作用,为你提供一个坚实的战略框架,无论你从哪里开始,你都可以用它来为客户决策旅程中的每一个时刻赋能,并在这个人工智能和机器学习的营销新世界中取得成功。我们也希望用通俗易懂的语言来解释与人工智能和机器学习相关的关键计算机和数据概念,使你能够更好地理解自己在行业中感受到的内容,与服务商、员工和管理层进行更明智的对话。

在开始之前,我们想确认,在这个新的世界里,你是否将自己不仅视为一个营销者,而且视为一个要在这个机器辅助、数据优先的营销新世界中建立成功事业的个人。以下是一些备受尊重的行业领袖在采访中告诉我们的:

当务之急是让营销者在技术领域变得更加自如、精明和熟练。在内部信息技术领导和重要的技术合作伙伴面前取得信誉并在他们的职业生涯中取得进步,都离不开这一点。年轻的营销者应该参加继续教育课程,帮助培养他们在这一重要领域的能力,并在其组织内寻求与技术相关的项目。

随着事业的发展，更多的营销者应该在内部培养重要的信息技术关系，并从组织外部寻求非正式的指导（来自特定领域的专家、技术思想领袖和战略供应商关系等）。

——米奇·达克勒（Mitch Duckler）

《不可或缺的品牌》（*The Indispensable Brand*）作者

品牌战略咨询公司全面突击（Full Surge）管理合伙人[1]

为了为未来做准备，营销领导者今天能做的最好的事情就是找到数据科学家并向他们提问。如果你的组织中有这些人，那么请承认你自己是很幸运的。你可以先试着跟他们成为好朋友，然后看看能不能把他们招募进团队。我在4C做了这件事，这让一切变得不同。我现在有了一个可信赖的人，可以探索每天出现的所有"如果"的问题。

如果你的组织中没有数据科学家，那就出去认识一些。参加当地的聚会。在你当地大学的工程系里逛逛。给别人提供一个实习机会。参加一些网络研讨会。但你要把它作为优先事项。然后，一旦你建立了关系，就问一些问题。这些问题不一定要针对你的公司或你的营销计划。看看这些人在关注什么趋势，并抛出一些假设性的问题。这些答案将是有启发性的，帮助你适应人工智能和机器学习的语言。

——亚伦·戈德曼（Aaron Goldman）

数据科学和营销技术公司4C洞见（4C Insights）首席营销官

《我从谷歌学到的关于营销的一切》（*Everything I Know about Marketing I Learned from Google*）作者[2]

由于机器可以比人类更迅速、更系统、更稳定地进行战术营销实验，想要最好地利用这些机器的营销者将需要支持和鼓励迭代学习和实验的框架（和心态）。这里的杠杆作用是巨大的。如果机器可以执行战术性的营销实验，我们人类就可以专注于战略性的营销实验，与战术部分相关的运营成本就会大大降低。

当涉及数据同化、数学和重复时，机器已经做得很出色，但在需要不同技能的领域——处理模糊性、移情、创造性和战略——人类将在一段时间内拥有优势。巨大的收益将体现在如何将这两种互补的处理方法结合起来。

——康拉德·费尔德曼

量播公司创始人兼首席执行官[3]

集中关注你的客户。了解什么让他们心动，什么体验对他们重要。学习如何以新的和有意义的方式与他们联系。我们现在有点回到未来了。由于有了人工智能，我们可以更加专注于智慧性的战略和突破性的创意。

——克里斯汀·达西（Kristen D'Arcy）

大平阳夏装公司（Pac-Sun）首席营销官[4]

我们的看法是：要在未来几年成为一名成功的营销者，你必须决定是参与进来并成为一名专业的人工智能营销者，还是袖手旁观，看着"人工智能巴士"从你身边经过，或者更糟糕的是，从你身上碾过。

请记住，你必须决定是成为数字营销者还是仅仅停留在传统营销领域，然后再决定是成为数据营销者还是仅仅停留在直觉领域。大多数营销职位描述都将数字和数据列为一项要求，而且你可能还注意到，那些早早加入并接受这些东西的人现在已经占了上风。不同的是，这一次，变化发生的速度是之前发生变化的十倍以上。

正如内参股份有限公司（Insider）的首席营销官珍妮弗·伯曼（Jenifer Berman）最近在拉斯维加斯举行的消费电子展上告诉观众的那样："无论我们谈论的是 5G、人工智能，还是隐私问题，它都是导向变革的一部分。作为一个需要走在市场前面的组织，你必须能够自己走，对吧？你必须是一个能够真正快速迭代和快速行动的组织[5]。"

这就是为什么我们相信，在市场营销中流畅地使用人工智能并积累经验（即领导、开发和实施基于 AI 营销画布中所描述的内容），将成为你工作的一部分。你今天决定如何处理人工智能和机器学习的营销知识，将影响你在未来几年的成就、抵御危机和应对客户行为变化的能力。

这是你个人的人工智能关键时刻（AI Moment of Truth），是现在正在发生的一个时刻。你可以做很多事情来面对人工智能关键时刻，但你现在可以做的最重要和最强大的事情是寻找方法来体验人工智能和机器学习的工作原理，而不仅仅是阅读它——包括这本书！事实上，通过本章你能熟悉这些工具并渴望参与进来，迈出第一步。

你不能仅仅通过阅读手册来学习驾驶汽车。在某些时候，你必须把手放在方向盘上实际体验一番。对营销者来说也是如此，体验营销工具包中的工具至关重要。由于人工智能和机器学习在市场营销中的应用仍处于初期阶段，因此从现在开始就投入时间来真正了解其工作原理将在以后为你带来丰厚的回报。

好消息是，现在有一种简单的方法，即用谷歌教学机器（Teachable Machine）来真实体验一下。谷歌教学机器是一种"基于网络的工具，它可以让所有人快速、轻松地创建机器学习模型[6]"。该工具允许你训练计算机识别你自己的照片、声音和姿势，生成有具体功能的机器学习模型，而且不需要使用特殊的专业知识或编码。你可以做的一个练习——我们在高管教育课程中使用的那个——构建一个简单的视觉识别机器学习模型，区分汽车或货车。最主要的是，这个工具是免费的，而且是基于网络的，不需要软件或安装。

你可以通过玩儿童游戏"石头、剪子、布"来亲身体验机器学习。展开来说就是有一个儿童游戏涉及建立一个机器学习模型来识别手形的图片。石头、剪子、布和其他练习是由戴尔·莱恩（Dale Lane）利用IBM"沃森"的接口开发的。这是一种绝妙的基于网络的体验，原本旨在供学校和志愿者开办的儿童编码小组在课堂上使用，但它也是介绍机器学习的一个好方法。

使用人工智能孕育和提升人性

在结束之前，我们还想谈一谈人工智能的另一个方面。那就是利用人工智能和机器学习的巨大潜力，让你的品牌以一种培育人的方式参与其中，增强品牌的整体人性。

摩根大通已经使用人工智能做到了这一点。在里斯本举行的2019年网络峰会上，摩根大通首席营销官克里斯汀·莱姆考（Kristen Lemkau）说："我深信营销史上最重要的发展是机器学习。"在她的指导下，摩根大通正在使用人工智能探索通过"感觉像是选择而不是广告"的广告为客户服务的方法，她希望这些听起来更人性化的广告能够继续让摩根大通脱颖而出并推动其业务增长[7]。

想想星巴克的使命宣言"激发和孕育人文精神，从每一刻、每个人、每杯咖啡、每个街区开始"（To inspire and nurture the human spirit—one person, one cup and one neighborhood at a time）。然而，或许更能说明问题的

是它宣扬的价值观，尤其是"我们以人性为指引，以绩效为导向[8]"（We are performance driven, through the lens of humanity）。这就是为什么人们如此关注使用人工智能来释放咖啡师的时间，让他们花更多时间与客户沟通。

星巴克公司总裁兼首席执行官凯文·约翰逊由一位朋友介绍给著名的神经科学家理查德·戴维森（Richard Davidson），他是威斯康星大学麦迪逊分校的心理学和精神病学教授，也是健康心智中心（Center for Healthy Minds）的创始人兼主任。在关于帮助星巴克合作伙伴找到更深入地与顾客建立联系的许多对话中，约翰逊和戴维森脑海中一直萦绕着另一个想法：如果顾客也能够改变他们在店内的互动方式会怎样[9]？这是一个绝妙的想法，它是使用人工智能来帮助促进与正在体验你的产品和服务的人们建立更深入、更真实、最终更有价值的联系——并拒绝那些坚持认为人工智能在营销中只能导致一个寒冷的、准个人的、机器人驱动的"黑客帝国"的未来。营销技术资深人士（谷歌、"照片墙"、"油管"）和顾问埃里克·所罗门（Eric Solomon）博士在 2020 年 1 月 16 日为企业家网（Entrepreneur）撰写的文章中这样说[10]：

现实情况是，营销者早就明白在企业和客户之间建立和培养有意义的情感联系的必要性。这些联系的质量有助于定义世界上最具标志性的品牌。但随着技术、数据和指标成为最前沿的讨论话题，建立这些情感关系的背景也发生了变化。互联世界的最终结果是人们产生了更多关于他们是谁、他们谈论什么以及他们喜欢什么的信号。

因此，我非常理解这种诱惑，即远离个人，在错综复杂的数据网络中寻找人类的行为模式。当然，这样做是有价值的。我不是说广告毫无意义，也不是说目标营销不起作用。我是说，你不能把这些工具与跟人建立关系的意义混为一谈。

那么企业如何做更重要的工作呢？首先，他们需要承认，在每笔交易开始和结束时，都有活生生的、有感觉的人——必须改变思维方式才能真正与客户建立情感联系。

我们敦促你成为这样的营销领导者：执着于找到使用人工智能和机器学习的方法，不仅在每一个关口实现客户旅程的个性化，而且尽可能地在你的品牌中添加人性。

健康心智中心主任理查德·戴维森说："我真的相信培养和扩大幸福感是可能的。星巴克首席执行官凯文完全明白这一点。这是我喜欢他的原因之一[11]。"

一家公司在人与人之间的联系上加倍努力，能带来改变吗？

"它可以改变世界，"戴维森说[12]，"它完全可以改变世界。"

结语

我们希望本书能激励你迅速地、战略性地进入这个人工智能和机器学习的营销世界，踏踏实实地使用人工智能为你所有的客户关系时刻赋能。我们祝愿你在这项任务中好运，它有可能以你无法想象的方式为你的组织提供价值和积极的变化。为此，我们期待着听到你伟大的成功故事，并将其纳入我们未来关于 AI 营销画布的著作、讲座和课程中。

我们已经向你展示了一条以健全的营销原则和战略为基础，并有数十个真实案例支持的前进道路。现在就看你怎么做了，使用 AI 营销画布来赢得你的人工智能客户关系时刻，并最终赢得一切。

附录

第 1 章

1. Jeff Bezos, "Jeff Bezos on Post Purchase," *Washington Post*, August 5, 2013, accessed June 15, 2020, https://www.washingtonpost.com/national/jeff-bezos-on-post-purchase/2013/08/05/e5b293de-fe0d-11e2-9711-3708310f6f4d_story.html.

2. Claire Atkinson, "The Washington Post Still Plays Catch-Up, but Is Gaining on The Times," NBC News, December 28, 2017, accessed November 1, 2019, https://www.nbcnews.com/news/us-news/washington-post-still-plays-catch-gaining-times-n833236.

3. "Arc Publishing Unveils State-of-the-Art Commerce Platform Arc Subscriptions," *Washington Post*, May 16, 2019, accessed November 4, 2019, https://www.washingtonpost.com/pr/2019/05/16/arc-publishing-unveils-state-of-the-art-commerce-platform-arc-subscriptions/.

4. "Arc Publishing Licenses Technology to Global Brand BP," *Washington Post*, September 25, 2019, accessed May 22, 2020, https://www.washingtonpost.com/pr/2019/09/25/arc-publishing-licenses-technology-global-brand-bp/.

5. "NPR: At 'Washington Post,' Tech Is Increasingly Boosting Financial Performance," *Washington Post*, June 14, 2017, accessed November 1, 2019, https://www.washingtonpost.com/pr/wp/2017/06/14/npr-at-washington-post-tech-is-increasingly-boosting-financial-performance/.

6. SaraFischer,"Scoop: WaPoHits2ndYearofProfitability,PlansExpansion,"Axios, January 9, 2018, accessed November 1, 2019, https://www.axios.com/washington-post-1515418495-9c9dc541-165f-4e99-b002-ad41416737ef.html.

7. Barry Schwartz, *The Paradox of Choice: Why More Is Less* (New York: Ecco, 2004), 2.

8. Rick Press, "Wonder Why You Dread Car Buying? A Famous Psychologist Explains," Capital One, March 28, 2018, accessed January 23, 2020, https:// www.capitalone.com/cars/learn/getting-a-good-deal/wonder-why-you-dread-car-buying-a-famous-psychologist-explains/1030.

9. Lee Breslouer, "Starbucks Baristas Name Their Favorite Drinks," Thrillist, November 10, 2016, accessed January 23, 2020, https://www.thrillist.com/drink/nation/best-starbucks-drinks-according-to-baristas-who-serve-them.

10. Jim Lyski, "Don't Settle for the Best Customer Experience in Your Industry, Deliver the Best One—Period," Think with Google, October 2017, accessed November 4, 2019, https://www.thinkwithgoogle.com/marketing-resources/experience-design/carmax-industry-consumer-experience/.

11. Lauren Hirsch, "After Brutal Year, Kraft Heinz Taps AB InBev's Miguel Patricio to replace CEO Bernardo Hees," CNBC, April 22, 2019, accessed January 23, 2020, https://www.cnbc.com/2019/04/22/kraft-heinz-taps-new-ceo-ab-inbevs-miguel-patricio.html.

12. Martin Giles, "Kraft Heinz Appoints New CIO to Deliver an AI Growth Recipe," *Forbes*, November 14, 2019, accessed May 22, 2020, https://www.forbes.com/sites/martingiles/2019/11/14/kraft-heinz-cio-uses-ai-machine-learning/#148c96fc28f6.

13. "Contrary to Hype, Advertisers Divided on AI," *Advertiser Perceptions*, March 3, 2020, accessed March 4, 2020, https://www.advertiserperceptions.com/advertisers-divided-on-ai/.

14. Lynne Galia and Lainie McKeague, "Kraft Heinz Rebrands Kraft Recipes Website as 'My Food and Family,' Adds New Features," Kraft Heinz, March 21, 2019, accessed October 31, 2019, http://ir.kraftheinzcompany.com/news-releases/news-release-details/kraft-heinz-rebrands-kraft-recipes-website-my-food-and-familytm; Peter Eavis,

"Kraft Tests How Much Costs Can Be Cut as Tastes Change," *New York Times*, February 22, 2019, accessed October 31, 2019, https://www.nytimes.com/2019/02/22/business/dealbook/3g-capital-buffett-kraft-heinz.html; Martin Giles, "Kraft Heinz Appoints New CIO to Deliver an AI Growth Recipe," *Forbes*, November 14, 2019, accessed January 23, 2020, https://www.forbes.com/sites/ martingiles/2019/11/14/kraft-heinz-cio-uses-ai-machine-learning/#4d4f0e9e28f6.

15. Sunil Gupta, *Driving Digital Strategy: A Guide to Reimagining Your Business* (Boston: Harvard Business Review Press, 2018), 192–94.

16. Ben Unglesbee, Cara Salpini, and Kaarin Vembar, "The Running List of 2018 Retail Bankruptcies," *Retail Dive*, November 21, 2018, accessed October 31, 2019, https://www.retaildive.com/news/the-running-list-of-2018-retail-bankruptcies/516864/;. Daphne Howland, Ben Unglesbee, Cara Salpini, Kaarin Vembar, and Caroline Jansen, "The Running List of 2019 Bankruptcy Victims," *Retail Dive*, October 23, 2019, accessed October 31, 2019, https://www.retaildive. com/news/the-running-list-of-2019-bankruptcy-victims/545774/; Ben Unglesbee, "One Year Later: Toys R Us' Fatal Journey through Chapter 11," *Retail Dive*, September 18, 2018, accessed October 31, 2019, https://www.retaildive.com/news/one-year-later-toys-r-us-fatal-journey-through-chapter-11/532079/.

17. Ben Unglesbee, "Sears Filed for Chapter 11 with Plans to Close 142 Stores—Now What?" *Retail Dive*, October 15, 2018, accessed October 31, 2019, https://www.retaildive.com/news/sears-filed-for-chapter-11-with-plans-to-close-142-stores-now-what/539654/.

18. Emily Price, "Teen Discount Jewelry Favorite Claire's Emerges from Chapter 11 Bankruptcy," *Fortune*, October 15, 2018, accessed January 23, 2020, https://fortune.com/2018/10/15/claires-emerges-from-chapter-11-bankruptcy/.

19. Matthew Townsend and Joe Deaux, "Toys 'R' Us, Back from the Dead, Will Open U.S. Stores in 2019," *Bloomberg*, June 21, 2019, accessed January 23, 2020, https://www. bloomberg.com/news/articles/2019-06-21/toys-r-us-back-from-the-dead-will-openu-s-stores-in-2019.

20. "Tru Kids Teams with Candytopia for Toys RUs Adventure," PYMNTS, September 19, 2019, accessed January 23, 2020, https://www.pymnts.com/news/retail/2019/tru-kids-teams-with-candytopia-for-toys-r-us-adventure/.

21. Lauren Hirsch and Lauren Thomas, "Life after Liquidation: Toys R Us Stores Will Be Back This Holiday Season, This Time with a Tech Partner," CNBC, July 18, 2019, accessed January 23, 2020, https://www.cnbc.com/2019/07/18/toys-r-us-plots-comeback-with-smaller-stores-in-partnership-with-b8ta.html.

第2章

1. Paul Roetzer, The Future Is Marketer + Machine," Marketing Artificial Intelligence Institute, July 17, 2019, accessed November 4, 2019, https://www.marketingaiinstitute.com/blog/the-future-is-marketer-machine-maicon-2019-video.

2. "AI Adoption Advances, but Foundational Barriers Remain," McKinsey & Company, November 13 2018, October 31, 2019, https://www.mckinsey.com/featured-insights/artificial-intelligence/ai-adoption-advances-but-foundational-barriers-remain.

3. Laurence Goasduff, "3 Barriers to AI Adoption," Smarter with Gartner, September 18, 2019, accessed May 20, 2020, https://www.gartner.com/smarterwithgartner/3-barriers-to-ai-adoption/.

4. V. Kumar, Bharath Rajan, Rajkumar Venkatesan, and Jim Lecinski, "Understanding the Role of Artificial Intelligence in Personalized Engagement Marketing," *California Management Review* 61, no. 4 (July 4, 2019): 7, https://doi.org/10.1177/0008125619859317.

5. Philip Kotler, Hermawan Kartajaya, and Iwan Setiawan, *Marketing 4.0: Moving from Traditional to Digital* (Hoboken, NJ: Wiley, 2016), xvi, 23.

6. Jacques Bughin, Jeongmin Seong, James Manyika, Michael Chui, and Raoul Joshi, "Notes from the AI Frontier: Modeling the Impact of AI on the World Economy,"

McKinsey & Company, September 4 2018, accessed October 31, 2019, https://www.mckinsey.com/featured-insights/artificial-intelligence/notes-from-the-ai-frontier-modeling-the-impact-of-ai-on-the-world-economy.

7. Jack Kornfield, *Buddha's Little Instruction Book* (New York: Bantam, 1994), 9.

第 4 章

1. Peter Fisk, "Network Effects Drive Over 70% of the Value of Technology-Based Companies… Time to make Metcalfe's Law Work for You!" accessed July 10, 2020, https://www.thegeniusworks.com/2018/06/network-effects-drive-over-70-of-the-value-of-technology-based-companies-time-to-make-metcalfes-law-work-for-you/.

2. Geoffrey G. Parker, Marshall W. Van Alstyne, and Sangeet Paul Choudary, *Platform Revolution: How Networked Markets Are Transforming the Economy and How to Make Them Work for You* (New York: W. W. Norton, 2016), 3.

3. "Uber of X," PYMNTS, accessed January 23, 2020, https://www.pymnts.com/category/uber-of-x/.

4. "YouTube for Press," YouTube, accessed December 17, 2019, https://www.youtube.com/about/press/.

5. Nathan Lasche, "YouTube Music Makes Discovery More Personal with Playlists Mixed for You," YouTube Official Blog, December 17, 2019, accessed January 23, 2020, https://youtube.googleblog.com/2019/12/youtube-music-makes-discovery-more.html.

6. "YouTube Originals," YouTube, accessed January 23, 2020, https://www.youtube.com/originals.

7. Michael Schneider, "'Ryan Hansen,' 'Champaign ILL' Canceled as YouTube Prepares for New Originals Strategy," *Variety*, April 10, 2019, accessed January 23, 2020, https://variety.com/2019/tv/news/ryan-hansen-solves-crimes-on-television-champaign-ill-canceled-youtube-1203185818/.

8. Rajkumar Venkatesan, Paul Farris, and Ronald T. Wilcox, *Cutting-Edge Mar-*

keting Analytics: Real World Cases and Data Sets for Hands On Learning (New York: FT Press, 2014), 149.

9. "Number of Netflix Paying Streaming Subscribers Worldwide from 3rd Quarter 2011 to 2nd Quarter 2020," Statista, accessed July 21, 2020, https://www.statista.com/statistics/250934/quarterly-number-of-netflix-streaming-subscribers-worldwide/.

10. Peter Kafka and Rani Molla, "Netflix Shows Off the Numbers behind Its Global Growth Story for the First Time," Vox, December 17, 2019, accessed January 23, 2020, https://www.vox.com/2019/12/17/21025154/netflix-global-growth-numbers-sec-streaming-investors.

11. Julia Alexander, "Netflix Is Removing Subscribers' Ability to Leave Movie Reviews," *Polygon*, July 6, 2018, accessed January 30, 2020, https://www.polygon.com/2018/7/6/17539918/netflix-movie-reviews-feature-rating.

12. Twitch, accessed January 23, 2020, https://www.twitch.tv/p/en/about/.

13. "25 Useful Twitch Stats for Influencer Marketing Managers," *Influencer Marketing Hub*, January 3, 2020, accessed January 23, 2020, https://influencermarketinghub.com/twitch-stats/.

14. "Twitch 101," Twitch, accessed January 23, 2020, https://www.twitch.tv/creatorcamp/en/learn-the-basics/twitch-101/.

15. Jeremy Chow, "Building a Growth-Focused Game Recommender for Twitch Streamers," Medium, October 25, 2019, accessed January 23, 2020, https://towardsdatascience.com/building-a-growth-focused-game-recommender-for-twitch-streamers-7389e3868f2e.

16. AJ Willingham, "What Is eSports? A Look at an Explosive Billion-Dollar Industry," CNN, August 27, 2018, accessed January 23, 2020, https://www.cnn.com/2018/08/27/us/esports-what-is-video-game-professional-league-madden-trnd/index.html.

17. Lucas Fortney, "How Amazon's Twitch Platform Makes Money," *Investopedia*,

October 20, 2019, accessed January 23, 2020, https://www.investopedia.com/investing/how-does-twitch-amazons-video-game-streaming-platform-make-money/.

18. Tiffany Hsu, "Twitch Users Watch Billions of Hours of Video, but the Site Wants to Go beyond Fortnite," *New York Times*, September 26, 2019, accessed January 23, 2020, https://www.nytimes.com/2019/09/26/business/media/twitch-twitchcon-ads-redesign.html.

19. Andrew Webster, "Ninja Announces He Is Leaving Twitch to Stream Exclusively on Mixer," The Verge, August 1, 2019, accessed January 23, 2020, https://www.theverge.com/2019/8/1/20750393/ninja-mixer-exclusive-twitch-fortnite-streaming-gaming-announcement; Sarah Perez, "Twitch's Loss of Top Streamers Impacts Hours Watched and Streamed in Q4 2019, Report Says," TechCrunch, January 16, 2020, accessed January 23, 2020, https://techcrunch.com/2020/01/16/twitchs-loss-of-top-streamers-impacts-hours-watched-and-streamed-in-q4-2019-report-says/.

20. Torque Esports Corp., "NFL Football on Twitch Gaining Yards According to Torque Esports Data Experts," Cision, December 20, 2019, accessed January 23, 2020, https://www.prnewswire.com/news-releases/nfl-football-on-twitch-gaining-yards-according-to-torque-esports-data-experts-300978223.html.

21. Robert Williams, "NFL's Audience on Twitch Livestream Rises 45% from Last Year," *Mobile Marketer*, December 23, 2019, accessed January 23, 2020, https://www.mobilemarketer.com/news/nfls-audience-on-twitch-livestream-rises-45-from-last-year/569579/.

22. Gennaro Cuofano, "TikTok Business Model: The Rise of Creative Social Media Powered by AI," FourWeekMBA, accessed January 23, 2020, https://fourweekmba.com/tiktok-business-model/.

23. Manish Singh, "TikTok Tops 2 Billion Downloads," *TechCrunch*, April 29, 2020, accessed May 13, 2020, https://techcrunch.com/2020/04/29/tiktok-tops-2-billion-downloads/.

24. Deanna Ting, "Ad Buyers to TikTok: Make It Easier to Buy Ads," Digiday, November 18, 2019, accessed January 23, 2020, https://digiday.com/marketing/ad-buyers-tiktok-make-easier-buy-ads/; Traci Ruether, "How Artificial Intelligence Is Transforming Live Streaming," Wowza Media Systems, July 8, 2019, accessed January 23, 2020, https://www.wowza.com/blog/artificial-intelligence-transforming-live-streaming.

25. "Our Businesses," Alibaba Group, accessed January 23, 2020, https://www.alibabagroup.com/en/about/businesses.

26. J. Clement, "Number of Available Apps in the Apple App Store from 2008 to 2019," Statista, September 2019, accessed January 23, 2020, https://www.statista.com/statistics/268251/number-of-apps-in-the-itunes-app-store-since-2008/.

27. "About Poshmark," Poshmark, accessed January 23, 2020, https://poshmark.com/about.

28. "About: Keep Commerce Human," Etsy, accessed January 23, 2020, https://www.etsy.com/about?ref=ftr.

29. Sarah Perez, "Walmart to Expand In-Store Tech, including Pickup Towers for Online Orders and Robots," TechCrunch, April 9, 2019, accessed January 23, 2020, https:// techcrunch.com/2019/04/09/walmart-to-expand-in-store-tech-including-pickup-towers-for-online-orders-and-robots/.

30. Véronique Hyland, "Walmart Officially Bought ModCloth, and Some Customers Are Freaking Out," *The Cut*, March 17, 2017, accessed October 31, 2019, https://www.thecut.com/2017/03/wal-mart-buys-modcloth.html.

31. Melissa Repko, "Walmart Winds down Jet.com Four Years after $3.3 Billion Acquisition of E-Commerce Company," CNBC, May 19, 2020, accessed May 28, 2020, https://www.cnbc.com/2020/05/19/walmart-winds-down-jetcom-four-years-after-3point3-billion-acquisition.html.

32. Kristina Monllos, "'Brands Start DTC': Inside Procter & Gamble's Startup Brand Studio P&G Ventures," Digiday, September 30, 2019, accessed January 23, 2020,

https://digiday.com/marketing/brands-start-dtc-insid-procter-gambles-start-brand-studio-pg-ventures/; Kristina Monllos, "Procter & Gamble Is Looking to Add More Direct-to-Consumer Brands to Its Roster," Digiday, May 1, 2019, accessed January 23, 2020, https://digiday.com/marketing/procter-gamble-looking-add-direct-consumer-brands-roster/.

33. Lauren Hirsch, "Edgewell's Acquisition of Harry's 'Not a Good Comparison' to Unilever'sDollarShaveClubDeal,"CNBC,May9,2019,accessedJanuary23,2020,https://www.cnbc.com/2019/05/09/dont-compare-harrys-to-unilevers-dollar-shave-club-deal-edgewell-ceo.html.

34. Nicole Lee, "Netflix User Reviews Weren't Useful Anyway," Engadget, July 6, 2018, accessed July 10, 2020, https://www.engadget.com/2018-07-06-netflix-user-reviews-weren-t-useful-anyway.html.

35. Rajkumar Venkatesan, Paul Farris, and Ronald T. Wilcox, *Cutting-Edge Marketing Analytics: Real World Cases and Data Sets for Hands On Learning* (New York: FT Press, 2014).

36. David B. Yoffie, Annabelle Gawer, and Michael A. Cusumano, "A Study of More Than 250 Platforms Reveals Why Most Fail," *Harvard Business Review*, May 29, 2019, accessed January 23, 2020, https://hbr.org/2019/05/a-study-of-more-than-250-platforms-reveals-why-most-fail.

37. Anita Elberse and Monica Cody, "The Video Streaming Wars in 2019: Can Disney Catch Netflix?" HBS no. 519–094 (Boston: Harvard Business School Publishing, 2019), 7.

38. "How Disney Plus Personalizes Your Viewing Experience," *Forbes Insights*, April 21, 2020, accessed May 13, 2020, https://www.forbes.com/sites/insights-teradata/2020/04/21/how-disney-plus-personalizes-your-viewing-experience/#13f9ff5d3b6e.

39. Véronique Hyland, "Walmart Officially Bought ModCloth, and Some Customers Are Freaking Out," The Cut, March 17, 2017, accessed October 31, 2019, https://www.thecut.com/2017/03/wal-mart-buys-modcloth.html.

40. Sarah Perez, "Walmart Partners with Shopify to Expand Its Online Marketplace," TechCrunch, June 15, 2020, accessed June 20, 2020, https://techcrunch.com/2020/06/15/walmart-partners-with-shopify-to-expand-its-online-marketplace/.

41. "About," Verizon Media, January 23, 2020, https://www.verizonmedia.com/.

42. "Using Alexa with Your Whirlpool Appliances," Whirlpool, accessed October 31, 2019, https://producthelp.whirlpool.com/Connected_Appliances/Product_Info/Connected_Support/Using_Alexa_with_Your_Appliances.

43. Richard Best, "Harry's Shave Club Review: Is It Worth It?" Investopedia, August 11, 2019, accessed January 23, 2020, https://www.investopedia.com/articles/personal-finance/012516/harrys-review-it-worth-it.asp.

44. Rachel King, "Exclusive: The Makers of BarkBox Are Moving into an Often Overlooked Space in Pet Wellness," *Fortune*, October 30, 2019, accessed January 23, 2020, https://fortune.com/2019/10/30/barkbox-bark-bright-dogs-dental-care/.

45. "How to Boost Your Brand Equity through Brand Partnerships," Pica9, August 27, 2019, accessed October 31, 2019, https://www.pica9.com/blog/boost-brand-equity-brand-partnerships.

46. Sophia Bernazzani, "18 Examples of Successful Co-Branding Partnerships (and Why They're So Great)," HubSpot, June 28, 2019, accessed October 31, 2019, https://blog.hubspot.com/marketing/best-cobranding-partnerships.

47. Bernazzani, "18 Examples."

48. Hilary Milnes, "How Target Is Getting More DTC Brands to Sell in Its Stores," Digiday, March 14, 2019, accessed October 31, 2019, https://digiday.com/retail/target-getting-dtc-brands-sell-stores/; Marty Swant, "As Digital Payments Grow in the U.S., Banks and Tech Companies Are Forging Partnerships," *Adweek*, October 8, 2018, accessed October 31, 2019, https://www.adweek.com/digital/as-digital-payments-grow-

in-the-u-s-banks-and-tech-companies-are-forging-partnerships/.

49. Swant, "As Digital Payments Grow."

50. "Case Studies," Numerator, accessed January 23, 2020, https://www.numerator.com/resources/success-story.

51. Brooks Barnes, "How Disney Wants to Take on Netflix with Its Own Streaming Service," *New York Times*, August 8, 2017, accessed November 5, 2019, https://www.nytimes.com/2017/08/08/business/media/disney-streaming-service.html.

52. Thomas Franck, "Disney's Streaming Service Will Rival Netflix with 160 Million Subscribers, JP Morgan Says," CNBC, March 6, 2019, accessed November 5, 2019, https://www.cnbc.com/2019/03/06/disneys-streaming-service-will-rival-netflix-says-jp-morgan.html.

53. Julia Alexander, "AT&T Will Pull Popular Shows Like Friends from Streaming Competitors, Says CEO," The Verge, May 14, 2019, accessed November 5, 2019, https://www.theverge.com/2019/5/14/18623082/att-streaming-warnermedia-netflix-hulu-friends-er-disney-comcast-nbc-universal.

54. Todd Haselton, "Verizon Will Offer Customers a Year of Disney+ for Free," CNBC, October 22, 2019, accessed November 5, 2019, https://www.cnbc.com/2019/10/22/ verizon-will-offer-customers-a-year-of-disney-for-free.html.

55. *Bird Box*, Netflix, accessed January 31, 2020, https://www.netflix.com/title/80196789.

56. Aja Hoggatt, "*Bird Box* Is a Triumph of Netflix's Data-Driven Content Machine," Slate, December 28, 2018, accessed October 31, 2019, https://slate.com/culture/2018/12/bird-box-netflix-diversity-audience.html.

第 5 章

1. Nick Edouard, "How to Know if AI Will Work for You," Marketing Artificial Intelligence Institute, October 29, 2019, accessed October 31, 2019, https://www.

marketingaiinstitute.com/blog/how-to-know-if-ai-will-work-for-you.

2. Rajkumar Venkatesan, "Executing on a Customer Engagement Strategy,"

Journal of the Academy of Marketing Science 45 (January 2017): 289–93, https://doi.org/10.1007/s11747-016-0513-6.

3. Salman Aslam, "Facebook by the Numbers: Stats, Demographics & Fun Facts," Omnicore, January 13, 2020, accessed January 28, 2020, https://www.omnicoreagency.com/facebook-statistics/.

4. "1969 Sears Craftsman Drill Ad 'Look again,'" Vintage Adventures, accessed January 18, 2020, https://www.vintage-adventures.com/vintage-tool-hardware-ads/5267-1969-sears-craftsman-drill-ad-look-again.html; or https://www.pinterest.com/pin/262827328240057850/.

5. "1952 Lustre Creme Shampoo: Bette Davis Vintage Print Ad," eBay, accessed January 28, 2020. https://www.pinterest.com/pin/22588435606948467/.

6. Ronald D. Michman and Edward M. Mazze, *Specialty Retailers: Marketing Triumphs and Blunders* (Westport, CT: Quorum Books, 2001), 67.

7. Beth Berselli, "Retooling at Black & Decker," *Washington Post*, February 9, 1998, accessed January 28, 2020, https://www.washingtonpost.com/archive/business/1998/02/09/retooling-at-black-decker/ecbccdb3-09d9-4fb3-b65f-e7dcf4f33fbe/.

8. Karl Wirth, "What McDonald's Latest Acquisition Means for Marketers," *Entrepreneur*, June 26, 2019, accessed January 28, 2020, https://www.entrepreneur.com/article/332239.

9. "Peloton Changes Entire Marketing Strategy," Lightning AI, accessed January 28, 2020, https://lightningai.com/case-studies/peloton/; Adam Coombs, "Big Data and the Smart Gym: Leveraging Your Customer Data [webinar]," IHRSA, accessed January 28, 2020, https://www.ihrsa.org/publications/big-data-and-the-smart-gym-leveraging-your-customer-data/.

10. Courtney Carlisle, "Super Hi-Fi Signs Peloton to Deliver Next Generation

Audio Experiences for Its Live and On-Demand Fitness Classes," *Business Wire*, March 13, 2019, accessed January 28, 2020, https://www.businesswire.com/news/home/20190313005270/en; Anthony Vennare, "The Peloton of 'X,'" *Fitt Insider*, accessed January 28, 2020, https://insider.fitt.co/peloton-home-workout-equipment/.

第6章

1. Cade Metz, "DeepMind Can Now Beat Us at Multiplayer Games, Too," *New York Times*, May 30, 2019, accessed November 4, 2019, https://www.nytimes.com/2019/05/30/science/deep-mind-artificial-intelligence.html.

2. Rajkumar Venkatesan, Jenny Craddock, and Noreen Nagji, *Automation of Marketing Models* (Charlottesville, VA: Darden Business Publishing, 2018).

3. Martin Childs, "John McCarthy: Computer Scientist Known as the Father of AI," *Independent*, November 1, 2011, accessed November 4, 2019, https://www.independent.co.uk/news/obituaries/john-mccarthy-computer-scientist-known-as-the-father-of-ai-6255307.html.

4. John McDermott, "R1: An Expert in the Computer Systems Domain," *Proceedings of the First Annual National Conference on Artificial Intelligence* (Menlo Park, CA: AAAI Press, 1980), 269–71, https://web.archive.org/web/20171116060857/http:/aaai.org/Papers/AAAI/1980/AAAI80-076.pdf.

5. McDermott, "R1: An Expert in the Computer Systems Domain."

6. "AI: 15 Key Moments in the Story of Artificial Intelligence," BBC, accessed November 4, 2019, https://www.bbc.co.uk/teach/ai-15-key-moments-in-the-story-of-artificial-intelligence/zh77cqt#zcpkj6f.

7. Joe Osborne, "Google's Tensor Processing Unit Explained: This Is What the Future of Computing Looks Like," TechRadar, August 22, 2016, accessed November 4, 2019, https://www.techradar.com/news/computing-components/processors/google-s-tensor-processing-unit-explained-this-is-what-the-future-of-computing-looks-

like-1326915.

8. John Markoff, "Seeking a Better Way to Find Web Images," *New York Times*, November 19, 2012, accessed November 4, 2019, https://www.nytimes.com/2012/11/20/science/for-web-images-creating-new-technology-to-seek-and-find.html; Dave Gershgorn, "The Data That Transformed AI Research—and Possibly the World," *Quartz*, July 26, 2017, accessed November 4, 2019, https://qz.com/1034972/the-data-that-changed-the-direction-of-ai-research-and-possibly-the-world/.

9. Muneeb ul Hassan, "AlexNet: ImageNet Classification with Deep Convolutional Neural Networks," *Neurohive*, October 29, 2018, accessed November 4, 2019, https://neurohive.io/en/popular-networks/alexnet-imagenet-classification-with-deep-convolutional-neural-networks/.

10. Rajkumar Venkatesan, Jenny Craddock, and Noreen Nagji, *Automation of Marketing Models* (Charlottesville, VA: Darden Business Publishing, 2018.

11. "What Is a Computer Algorithm? Design, Examples & Optimization," Study.com, January 14, 2014, accessed November 4, 2019, https://study.com/academy/lesson/what-is-a-computer-algorithm-design-examples-optimization.html.

12. Jason Brownlee, "A Tour of Machine Learning Algorithms," Machine Learning Mastery, August 12, 2019, accessed November 4, 2019, https://machinelearningmastery.com/a-tour-of-machine-learning-algorithms/.

13. Cassie Kozyrkov, "9 Things You Should Know about TensorFlow," Hackernoon, August 3, 2018, accessed November 4, 2019, https://hackernoon.com/9-things-you-should-know-about-tensorflow-9cf0a05e4995.

14. Master Blaster, "Japanese Bakeries Can Now Use a Robocop-Style Bread Recognition Checkout System," SoraNews24, April 12, 2017, accessed November 4, 2019, https://soranews24.com/2017/04/12/japanese-bakeries-can-now-use-a-robocop-style-bread-recognition-checkout-system/.

15. Xulei Yang, Zeng Zeng, Sin G. Teo, Li Wang, Vijay Chandrasekhar, and

Steven Hoi, "Deep Learning for Practical Image Recognition: Case Study on Kaggle Competitions," *KDD'18: The 24th ACM SIGKDD International Conference on Knowledge Discovery & Data Mining* (New York: ACM, 2018), 923–31, https://doi.org/10.1145/3219819.3219907.

16. Ralitsa Golemanova, "The Top 5 Uses of Image Recognition," Imagga Blog, June 6, 2019, accessed November 4, 2019, https://imagga.com/blog/ the-top-5-uses-of-image-recognition/.

17. Shea Gibbs and Rajkumar Venkatesan, *Have Text, Will Travel: Can Airbnb Use Review Text Data to Optimize Profits?* (Charlottesville, VA: Darden Business Publishing, 2015).

18. George Seif, "The 5 Clustering Algorithms Data Scientists Need to Know," Medium, February 5, 2018, accessed November 4, 2019, https://towardsdatascience.com/the-5-clustering-algorithms-data-scientists-need-to-know-a36d136ef68.

19. Chris Nicholson, "A Beginner's Guide to Neural Networks and Deep Learning," Pathmind, accessed November 4, 2019, https://pathmind.com/wiki/ neural-network.

20. Simon Löfwander, "About Artificial Intelligence, Neural Networks & Deep Learning," Ayima, January 24, 2017, accessed November 4, 2019, https://www.ayima.com/uk/insights/artificial-intelligence-neural-networks-deep-learning.html.

21. Shijing Yao, Dapeng Li, and Shawn Chen, "Amenity Detection and Beyond: New Frontiers of Computer Vision at Airbnb," Medium, July 16, 2019, accessed November 5, 2019, https://medium.com/airbnb-engineering/amenity-detection-and-beyond-new-frontiers-of-computer-vision-at-airbnb-144a4441b72e.

22. Shijing Yao, Qiang Zhu, and Phillippe Siclait, "Categorizing Listing Photos at Airbnb," Medium, May 2, 2018, accessed November 4, 2019, https://medium.com/airbnb-engineering/categorizing-listing-photos-at-airbnb-f9483f3ab7e3.

23. Dave Gershgorn, "The Data That Transformed AI Research—and Possibly the

World," *Quartz*, July 26, 2017, accessed November 4, 2019, https://qz.com/1034972/the-data-that-changed-the-direction-of-ai-research-and-possibly-the-world/.

24. Jo Best, "IBM Watson: The Inside Story of How the Jeopardy-Winning Supercomputer Was Born, and What It Wants to Do Next," TechRepublic, September 9, 2013, accessed November 4, 2019, https://www.techrepublic.com/article/ibm-watson-the-inside-story-of-how-the-jeopardy-winning-supercomputer-was-born-and-wha t-it-wants-to-do-next/.

25. Sean Silverthorne, "Deep Blue Put Out to Digital Stud," ZDNet, September 24, 1997, accessed November 1, 2019, https://www.zdnet.com/article/deep-blue-put-out-to-digital-stud/.

26. Stephen Shankland, "IBM Details Blue Gene Supercomputer," ZDNet, May 9, 2003, accessed November 1, 2019, https://www.zdnet.com/article/ibm-details-blue-gene-supercomputer/.

27. Maris van Sprang, "Watson and Other Impossible Grand Challenges," IBM, October 20, 2014, accessed November 4, 2019, https://www.ibm.com/blogs/think/nl-en/2014/10/20/watson-and-other-impossible-grand-challenges/.

28. Best, "IBM Watson."

29. Aatash Shah, "Machine Learning vs. Statistics," KDNuggets, August 1, 2016, accessed November 4, 2019, https://www.kdnuggets.com/2016/11/machine-learning-vs-statistics.html.

30. Larry Wasserman, "Statistics versus Machine Learning," Normal Deviate, June 12, 2012, accessed November 4, 2019, https://normaldeviate.wordpress.com/2012/06/12/statistics-versus-machine-learning-5-2/.

31. George Seif, "The 5 Clustering Algorithms Data Scientists Need to Know," Medium, February 5, 2018, accessed November 4, 2019, https://towardsdatascience.com/the-5-clustering-algorithms-data-scientists-need-to-know-a36d136ef68.

32. ManishKumar, "Understanding Genetic Algorithms in the Artificial Intelligence

Spectrum," Medium, September5, 2018, accessed November4, 2019, https://medium.com/analytics-vidhya/understanding-genetic-algorithms-in-the-artificial-intelligencex-spectrum-7021b7cc25e7.

33. "Vitamix," Optimizely, accessed November 4, 2019, https://www.optimizely.com/customers/vitamix/.

第 7 章

1. Author interview with Konrad Feldman via email, October 2019.

2. PaulSawers, "YouTube Taps Machine Learning to Serve the Best Contextual Ads for Each User," *Venture Beat*, September 23, 2019, accessed January 28, 2020, https://venturebeat.com/2019/09/23/youtube-taps-machine-learning-to-serve-the-best-contextual-ads-for-each-user/.

3. A. G. Lafley and Roger L. Martin, *Playing to Win: How Strategy Really Works* (Boston: Harvard Business School Publishing, 2013), 3.

4. Alexander Osterwalder, "The Business Model Ontology: A Proposition in a Design Science Approach," *Research Gate*, January 2004, accessed November 4, 2019, https://www.researchgate.net/publication/33681401_The_Business_Model_ Ontology_-_A_Proposition_in_a_Design_Science_Approach.

5. A. Osterwalder and Y. Pigneur, "Business Model Canvas," via DIY Toolkit, accessed January 28, 2020, https://diytoolkit.org/tools/business-model-canvas/; Used by permission with credit: strategyzer.com.

第 8 章

1. Sunder Madakshira, head of marketing, Adobe India, direct quote to authors via email July 23, 2020.

2. Saleh Alitr, "Starbucks: Analyze-a-Coffee," Medium, July 18, 2019, accessed January 28, 2020, https://towardsdatascience.com/starbucks-analyze-a-coffee-

b4eef811aa4a.

3. "Starbucks Reports Q4 and Full Year Fiscal 2019 Results," Starbucks Stories and News, October 30, 2019, accessed November 4, 2019, https://stories.starbucks.com/press/2019/starbucks-reports-q4-and-full-year-fiscal-2019-results/.

4. David L. Rogers, *The Digital Transformation Playbook* (New York: Columbia Business School Publishing, 2016).

5. José Antonio Martínez Aguilar, *The Data Advantage* (Seattle: Amazon Digital Services, 2018), 38 (Kindle edition).

6. "The Difference between First, Second, and Third Party Data and How to Use Them," ReTargeter, accessed November 1, 2019, https://retargeter.com/blog/difference-first-second-third-party-data-use/.

7. Crissi Cupak, "Why Retail Marketers Can't Dismiss Third-Party Data," Digital Commerce 360, March 19, 2019, accessed January 28, 2020, https://www.digitalcommerce360.com/2019/03/19/why-retail-marketers-cant-dismiss-thirdparty-data/.

8. Nicki Franz, "Moving from Analyzing Datasets to Decisions in DPL," Syncopation Software, July 18, 2017, accessed November 1, 2019, https://www.syncopation.com/blog/moving-analyzing-datasets-decisions-dpl.

9. Steven Chabinsky and F. Paul Pittman, "USA: Data Protection 2019," *ICLG*, March 7, 2019, accessed November 1, 2019, https://iclg.com/practice-areas/data-protection-laws-and-regulations/usa.

10. Neil Irwin, "Why Surge Prices Make Us So Mad: What Springsteen, Home Depot and a Nobel Winner Knew," *New York Times*, October 14, 2017, accessed Oc- tober 7, 2019, https://www.nytimes.com/2017/10/14/upshot/why-surge-prices-make-us-so-mad-what-springsteen-home-depot-and-a-nobel-winner-know.html.

11. Robert W. Palmatier and Kelly D. Martin, *The Intelligent Marketer's Guide to Data Privacy: The Impact of Big Data on Customer Trust* (London: Palgrave Macmillan, 2019), 170–78.

12. Deborah O'Neill and Nick Harrison, "If Your Company Isn't Good at Analytics, It's Not Ready for AI," *Harvard Business Review*, June 7, 2017, accessed October 7, 2019, https://hbsp.harvard.edu/product/H03PKC-PDF-ENG.

13. Derek du Preez, "Unilever Teams Up with Microsoft to Deliver AI-Assisted Decision Making to Users," Diginomica, May 24, 2018, accessed January 28, 2020, https://dig inomica.com/unilever-teams-microsoft-deliver-ai-assisted-decision-making-users.

14. Unilever, "Peter ter Kulve: Advantage at Scale in the AI & Handheld Economy," YouTube, December 5, 2018, accessed November 4, 2019, https://www.youtube.com/watch?v=VRSfXwiDIJw; Seb Joseph, "How Artificial Intelligence Is Influencing Unilever's Marketing," Digiday, April 8, 2019, accessed September 9, 2019, https://digiday.com/marketing/artificial-intelligence-influencing-unilevers-marketing/.

15. Jennifer Smith, "Unilever Uses Virtual Factories to Tune Up Its Supply Chain," *Wall Street Journal*, July 15, 2019, accessed January 28, 2020, https://www.wsj.com/articles/unilever-uses-virtual-factories-to-tune-up-its-supply-chain-11563206402.

16. Jennifer Sokolowsky, "Now It's Personal: Unilever's Digital Journey Leads to Real Results for Consumers and Employees," Microsoft, July 15, 2019, accessed January 28, 2020, https://news.microsoft.com/transform/now-its-personal-unilevers-digital-journey-leads-to-real-results-for-consumers-and-employees/.

17. Gautam Naik, "New CEO Alan Jope Puts Digital Transformation at Heart of Unilever's Strategy," S&P Global Market Intelligence, January 22, 2019, accessed January 28, 2020, https://www.spglobal.com/marketintelligence/en/news-insights/latest-news- headlines/49355732; Unilever, "Making Sustainable Living Commonplace: Unilever Annual Report and Accounts 2018," accessed January 28, 2020, https://www.unilever.com/Images/unilever-annual-report-and-accounts-2018_tcm244-534881_en.pdf.

18. Rebecca Stewart, "Unilever Ups Ad Spend by €300M in 2 Years Thanks to Agency Cutbacks," The Drum, April 19, 2019, accessed January 28, 2020, https://www.

thedrum. com/news/2019/04/19/unilever-ups-ad-spend-300m-2-years-thanks-agency-cutbacks.

19. Karlene Lukovitz, "The Tao of Unilever, Part 2: Amazing AI Applications," MediaPost, May 7, 2019, accessed January 28, 2020, https://www.mediapost.com publications/article/335552/the-tao-of-unilever-part-2-amazing-ai-applicatio.html.

20. "Dove Line Sticker," Spikes Asia, accessed January 28, 2020, https://www2.spikes.asia/winners/2016/promo/entry.cfm?entryid=898&award=101&order=6&direction=1.

21. Gautam Naik, "New CEO Alan Jope Puts Digital Transformation at Heart of Unilever's Strategy," S&P Global Market Intelligence, January 22, 2019, accessed January 28, 2020, https://www.spglobal.com/marketintelligence/en/news-insights/latest-news-headlines/49355732; "Dove Line Sticker," Spikes Asia, accessed January 28, 2020, https://www2.spikes.asia/winners/2016/promo/entry.cfm?entryid=898&award=101&order=6&direction=1.

第 9 章

1. Peter ter Kulve, president of home care at Unilever, via email to Jim Lecinski, July 2019.

2. Jane Ho, "Introducing MiniBot: Chatbots in Mini Program," Medium, May 14, 2018, accessed January 28, 2020, https://medium.com/rikai-labs/introducing-minibot-chatbots-in-mini-program-3022b41083bf; "Analytics for WeChat Mini-Programs: Where Do We Stand for PerformanceTracking?" SolutionsBenchmark, December 2018, accessed January 28, 2020, http://313ct818yszd3xd6xa2z47nm-wpengine.netdna-ssl.com/wp-content/uploads/2018/12/31Ten-WeChat-Mini-Program-Analytics-v1.pdf.pdf.

3. Team Linchpin, "A Beginner's Guide to the Agile Method & Scrums," pin SEO, accessed August 13, 2019 (updated June 5, 2020), https://linchpinseo.com/the-agile-method/.

4. Monica Georgieff, "Book Roundup: 8 Must-Reads for Agile Marketers," AgileSherpas, accessed January 28, 2020, https://www.agilesherpas.com/8-books-for-agile-marketers/.

5. Jamie Tero, "JPMorgan Chase Announces Five-Year Deal with Persado for AI-Powered Marketing Capabilities," Persado, July 30, 2019, accessed November 1, 2019, https://www.persado.com/press-releases/jpmorgan-chase-announces-five-year-deal-with-persado-for-ai-powered-marketing-capabilities/.

6. AdLingo, "AdLingo: Join the Conversation," YouTube video, October 16, 2018, accessed November 4, 2019, https://www.youtube.com/watch?v=z3Zj1NgA4_c&feature=youtu.be.

7. Brock Ferguson, "Introducing Optimail: Email Marketing Powered by Arti-ficial Intelligence," Strong, September 28, 2016, accessed November 1, 2019, https://www.strong.io/blog/optimail-email-marketing-artificial-intelligence.

8. "Alaska Improves Its Mileage Plan Offering with Optimizely," Optimizely, accessed November 4, 2019, https://www.optimizely.com/customers/alaska-airlines/.

9. "AI-Powered Search for Digital Commerce," Lucidworks, accessed November 4, 2019, https://lucidworks.com/digital-commerce/; Ingrid Lunden, "Lucidworks Raises $100M to Expand in AI-Powered Search-as-a-Service for Organizations," TechCrunch, August 12, 2019, accessed November 1, 2019, https://techcrunch.com/2019/08/12/lucidworks-raises-100m-to-expand-in-ai-powered-search-as-a-service-for-organizations/.

10. "Quantcast Drives New Customers for Bonobos," Quantcast, accessed November 1, 2019, https://www.quantcast.com/case-studies/quantcast-drives-new-customers-bonobos/.

11. Shareen Pathak,"'Home Runfor Us': Inside Chase's In-House Agency," Digiday, May 30, 2018, accessed November 1, 2019, https://digiday.com/marketing/home-run-us-inside-chases-house-agency/.

12. Adrianne Pasquarelli, "Chase Commits to AI after Machines Outperform

Humans in Copywriting Trials," *AdAge*, July 30, 2019, accessed November 1, 2019, https://adage.com/article/cmo-strategy/chase-commits-ai-after-machines-outperform-humans-copywriting-trials/2187606.

13. Jaime Tero, "JPMorgan Chase Announces Five-Year Deal with Persado for AI-Powered Marketing Capabilities," Persado, July 30, 2019, accessed November 1, 2019, https://www.persado.com/press-releases/jpmorgan-chase-announces-five-year-deal-with-persado-for-ai-powered-marketing-capabilities/.

14. Tero, "JPMorgan Chase Announces Five-Year Deal."

15. Peter Adams, "JPMorgan Chase Inks 5-Year Deal to Generate Marketing Copy via AI," Marketing Dive, July 30, 2019, accessed November 1, 2019, https://www.marketingdive.com/news/jpmorgan-chase-inks-5-year-deal-to-generate-marketing-copy-via-ai/559836/.

16. Adams, "JPMorgan Chase Inks 5-Year Deal"; Pasquarelli, "Chase Commits to AI."

17. Tero, "JPMorgan Chase Announces Five-Year Deal."

18. Van Diamandakis, former Persado CMO-in-residence and CMO advisor for technology consultancy Firebrick, in email to author Jim Lecinski, October 19, 2019.

第 10 章

1. "Ed Breault, CMO, Aprimo, direct quote to Jim Lecinski, July 14, 2020.

2. Anthony Ha, "Razor Startup Harry's Will Be Acquired by Edgewell Personal Care for $1.37B," TechCrunch, May 9, 2019, accessed August 13, 2019, https://techcrunch.com/2019/05/09/edgewell-acquires-harrys/.

3. Paul W. Farris, Dominique M. Hanssens, James D. Lenskold, and David J. Reibstein, "Marketing Return on Investment: Seeking Clarity for Concept and Measurement," *Applied Marketing Analytics* 1, no. 3 (April 2015): 270.

4. Paul Roetzer, "Machine Learning Made Easy for Marketers with Amazon

Personalize," Marketing Artificial Intelligence Institute, June 13, 2019, accessed November 1, 2019, https://www.marketingaiinstitute.com/blog/machine-learning-made-easy-for-marketers-with-amazon-personalize. "AWS Announces General Availability of Amazon Personalize," *Business Wire*, June 10, 2019, accessed November 1, 2019, https://www.businesswire.com/news/home/20190610005788/en/AWS-Announces-General-Availability-Amazon-Personalize; "Amazon Personalize," Amazon, accessed November 1, 2019, https://aws.amazon.com/personalize/.

5. Bernard Marr, "The Fascinating Ways Warby Parker Uses Artificial Intel- ligence and AR to Change Retail," *Forbes*, April 18, 2019, accessed September 4, 2019, https://www.forbes.com/sites/bernardmarr/2019/04/18/the-fascinating-ways- warby-parker-uses-artificial-intelligence-and-ar-to-change-retail/#5070f07c4b2e.

"Warby Parker: Customer Journey Breakdown and Marketing Review," *Retention Science*, accessed November 1, 2019, https://www.retentionscience.com/blog/ warby-parker-marketing-review/."Data Science & Online Retail—At Warby Parker and Beyond: Carl Anderson Interview," *Data Science Weekly*, accessed November 1, 2019, https://www.datascienceweekly.org/data-scientist-interviews/data-science-transforming-online-retail-warby-parker-carl-anderson-interview.

6. Suman Bhattacharyya, "Warby Parker's David Gilboa: 'Every Retailer Is Facing Increasing Consumer Expectations,'" Digiday, December 27, 2018, accessed November 1, 2019, https://digiday.com/marketing/warby-parkers-david-gilboa-every-retailer-facing-increasing-consumer-expectations/.

7. "Sustainability Report 2018," Warby Parker, November 1, 2019, https://www.warbyparker.com/assets/img/sustainability/report-2018.pdf.

8. Ranjay Gulati, *Reorganize for Resilience: Putting Customers at the Center of Your Business* (Boston: Harvard Business School Publishing, 2010).

9. Rajkumar Venkatesan, Jenny Craddock, and Kyle Brodie, *Tackling Low Completion Rates—A Compare.com Conundrum*, case M-0947–1 (Charlottesville, VA: Darden

Business Publishing, 2018).

10. Venkatesan, Craddock, and Brodie, *Tackling Low Completion Rates*.

11. Venkatesan, Craddock, and Brodie, *Tackling Low Completion Rates*.

12. Rajen Sheth, "How Unilever Uses Google Cloud to Optimize Marketing Campaigns," *Google Cloud*, April 9, 2019, accessed November 1, 2019, https://cloud.google.com/blog/topics/customers/how-unilever-uses-google-cloud-to-optimize-marketing-campaigns.

13. Ellen Hammett, "How Retail Startup Thread is using AI to Solve the 'Choice Paradox,'" *Marketing Week*, February 6, 2019, accessed November 1, 2019, https://www.marketingweek.com/menswear-startup-thread-algorithm-fashion-tech/. Katie Strick and Samuel Fishwick, "Stitch Fix vs Thread: The AI Stylists to Help You Get Dressed in the Morning," *Evening Standard*, September 26, 2019, accessed November 1, 2019, https://www.standard.co.uk/tech/thread-vs-stitch-fix-reviews-2019-ai-fashion-stylists-a4247041.html.

14. Bernard Marr, "How Artificial Intelligence Is Used to Make Beer," *Forbes*, February 1, 2019, accessed November 1, 2019, https://www.forbes.com/sites/bernardmarr/2019/02/01/how-artificial-intelligence-is-used-to-make-beer/#77da858470cf.

15. IntelligentX, "IntelligentX promotional video," Facebook, accessed January 21, 2020, https://www.facebook.com/intelligentxai/.

16. Thomas Stubbs, vice president of engineering at Coca-Cola Freestyle, via direct interview with authors, November 3, 2019.

第 11 章

1. Azadeh Moghtaderi, vice president for data science and analytics, Ancestry, from direct interview with authors.

2. Edgar Alan Rayo, "Artificial Intelligence at Disney, Viacom, and Other Entertainment Giants," Emerj, May 17, 2019, accessed November 1, 2019, https://emerj.

com/ai-sector-overviews/ai-at-disney-viacom-and-other-entertainment-giants/.

3. Jane Doe, "Machine Learning at Disney: Solving Happiness," Digital Initiative, November 8, 2018, accessed November 1, 2019, https://digital.hbs.edu/platform-rctom/submission/machine-learning-at-disney-solving-happiness/.

4. "CarMax's New Omnichannel Shopping Experience," eTail, accessed November 4, 2019, https://etaileast.wbresearch.com/blog/carmax-omnichannel-strategy-used-car-shopping-online.

5. Jonathan Spiers, "CarMax Scouting Out Space Downtown," *Richmond BizSense*, December 14, 2015, accessed November 4, 2019, https://richmondbizsense.com/2015/12/14/carmax-scouting-out-space-downtown/.

6. David Muller, "Data Helps Solve Pre-Owned Sales Puzzle," *Automotive News*, November 12, 2018, accessed November 1, 2019, https://www.autonews.com/article/20181112/RETAIL04/181119976/data-helps-solve-pre-owned-sales-puzzle.

7. Dylan Haviland, "CarMax Innovates with Omnichannel Strategy," TTEC, accessed November 1, 2019, https://www.ttec.com/articles/carmax-innovates-omnichannel-strategy; Nicolas Wu, "Launching an Immersive Car Buying Experience at CarMax," Adobe Blog, July 26, 2018, accessed November 1, 2019, https://theblog.adobe.com/launching-an-immersive-car-buying-experience-at-carmax/.

8. Databricks, "Creating an Omni-Channel Customer Experience with ML, Apache Spark, and Azure Databricks," SlideShare, May 6, 2019, Accessed November 4, 2019, https://www.slideshare.net/databricks/creating-an-omnichannel-customer-experience-with-ml-apache-spark-and-azure-databricks.

9. "McDonald's Corp. (MCD) Q2 2019 Earnings Call Transcript," The Motley Fool, August 15, 2019, accessed November 4, 2019, https://www.fool.com/earnings/call-transcripts/2019/08/15/mcdonalds-corp-mcd-q2-2019-earnings-conference-cal.aspx; Allison Schiff, "What's on Tap for Dynamic Yield after the McDonald's Acquisition," AdExchanger, June 24, 2019, accessed November 1, 2019, https://www.adexchanger.

com/analytics/whats-on-tap-for-dynamic-yield-after-the-mcdonalds-acquisition/; Brian Barrett, "McDonald's Bites on Big Data with $300 Million Acquisition," *Wired*, March 25, 2019, accessed November 1, 2019, https://www.wired.com/story/mcdonalds-big-data-dynamic-yield-acquisition/; Danny Klein, "How McDonald's Plans to Reinvent the Drive Thru," *QSR Magazine*, May 2019, accessed January 28, 2020, https://www.qsrmagazine.com/fast-food/how-mcdonalds-plans-reinvent-drive-thru.

10. David Yaffe-Bellany, "Would You Like Fries with That? McDonald's Already Knows the Answer," *New York Times*, October 22, 2019, accessed November 1, 2019, https://www.nytimes.com/2019/10/22/business/mcdonalds-tech-artificial-intelligence-machine-learning-fast-food.html.

11. Dan Berthiaume, "Ulta Beauty Shoppers Behold New AR, AI Features," *Chain Store Age*, June 4, 2019, accessed November 1, 2019, https://chainstoreage.com/technology/ulta-beauty-shoppers-behold-new-ar-ai-features.

12. "Uruquay's GlamST Acquired by Ulta Beauty," *Endeavor*, November 20, 2018, accessed November 1, 2019, https://endeavor.org/blog/entrepreneurs/uruguays-glamst-acquired-ulta-beauty/.

13. Prama Bhatt, chief digital officer, Ulta Beauty, in interview with authors, October 17, 2019.

14. "Company Facts," Ancestry, accessed November 1, 2019, https://www.ancestry.com/corporate/about-ancestry/company-facts.

15. Gina Spatafore, "Ancestry Breaks November Sales Record," *Business Wire*, November 29, 2018, accessed November 4, 2019, https://www.businesswire.com/news/home/20181129005208/en/Ancestry-Breaks-November-Sales-Record.

16. Azadeh Moghtaderi, VP data science and analytics, Ancestry; and Todd Pollak, senior vice president for global customer success and product commercialization, interview with authors August 26, 2019.

第 12 章

1. Direct quote from David Rogers, via email to Jim Lecinski, July 6, 2020.

2. Bryan Wroten, "How Marriott Will Differentiate Home-Sharing Platform," *Hotel News Now*, May 6, 2019, accessed January 28, 2020, https://www.hotelnewsnow.com/Articles/295132/How-Marriott-will-differentiate-home-sharing-platform.

3. Nadine El-Bawab, "Marriott Plans to Launch Home-Rental Market Platform That Would Compete with Airbnb, Report Says," CNBC, April 29, 2019, accessed November 1, 2019, https://www.cnbc.com/2019/04/29/marriott-to-launch-home-rental-platform-to-compete-with-airbnb-report.html.

4. Ming Zeng, "Alibaba and the Future of Business," *Harvard Business Review*, September-October 2018, 88–96, accessed November 1, 2019, https://hbr.org/2018/09/alibaba-and-the-future-of-business.

5. Bernard Marr, "The Amazing Ways Alibaba Uses Artificial Intelligence and Machine Learning," LinkedIn, July 31, 2018, accessed November 1, 2019, https:// www.linkedin.com/pulse/amazing-ways-alibaba-uses-artificial-intelligence-machine-marr/; Abigail Beall, "In China, Alibaba's Data-Hungry AI Is Controlling (and Watching) Cities," *Wired*, May 30, 2018, accessed November 1, 2019, https://www.wired.co.uk/article/alibaba-city-brain-artificial-intelligence-china-kuala-lumpur; Steve LeVine, "China's AI-Infused Corner Store of the Future," Axios, June 17, 2018, accessed November 1, 2019, https://www.axios.com/china-alibaba-tencent-jd-com-artificial-intelligence-corner-store-df90517e-befb-40ca-82d5-f37caa738d54.html.

6. Coca-Cola Freestyle team, interview by Raj Venkatesan and Jim Lecinski, October 18, 2019.

7. "The Washington Post Arc Publishing Case Study," Amazon Web Services, 2018, accessed November 1, 2019, https://aws.amazon.com/solutions/case-studies/washington-post-arc/.

8. "The Washington Post Introduces Next Generation Targetingfor Marketers; Laying Groundwork for Secure, Cookie-Free Ad Experiences," *Washington Post*, July 16, 2019, accessed November 1, 2019, https://www.washingtonpost.com/pr/2019/07/16/washington-post-introduces-next-generation-targeting-marketers-laying-groundwork-secure-cookie-free-ad-experiences/.

9. Patrick Cullen, director of Data Science and Artificial Intelligence for the *Washington Post*, interview with authors, September 20, 2019.

第13章

1. "Why Did I Not Get Certain Promotional Offers in My App?" Starbucks Customer Service Home, April 16, 2019, accessed January 29, 2020, https://customerservice.starbucks.com/app/answers/detail/a_id/5205/kw/promotions.

2. Kevin Johnson, "Can Artificial Intelligence Help Nurture Humanity?" LinkedIn, October 23, 2019, accessed January 29, 2020, https://www.linkedin.com/pulse/can-artificial-intelligence-help-nurture-humanity-kevin-johnson/.

3. Riley Panko, "How Customers Use Food Delivery and Restaurant Loyalty Apps," The Manifest, May 15, 2018, accessed January 29, 2020, https://themanifest.com/mobile-apps/how-customers-use-food-delivery-restaurant-loyalty-apps. Joanna Fantozzi, "The Evolution of the Starbucks Loyalty Program," *Nation's Restaurant News*, April 5, 2019, accessed January 29, 2020, https://www.nrn.com/quick-service/evolution-starbucks-loyalty-program.

4. "Starbucks Rewards Terms of Use," Starbucks, August 19, 2019, accessed January 29, 2020, https://www.starbucks.com/rewards/terms.

5. "Starbucks to Enhance Industry-Leading Starbucks Rewards Loyalty Program," Starbucks, March 19, 2019, accessed January 29, 2020, https://investor.starbucks.com/press-releases/financial-releases/press-release-details/2019/Starbucks-to-Enhance-Industry-Leading-Starbucks-Rewards-Loyalty-Program/default.aspx.

6. Stephanie Overby, "How Starbucks Brews Its Mobile Strategy," CIO, October 25, 2012, accessed January 29, 2020, https://www.cio.com/article/2390899/how-starbucks-brews-its-mobile-strategy.html.

7. Alexis Fournier, "My Starbucks Idea: An Open Innovation Case-Study," Braineet, March 20, 2019, accessed January 29, 2020, https://www.braineet.com/blog/my-starbucks-idea-case-study/.

8. "Starbucks Company Timeline," Starbucks, accessed January 29, 2020, https://www.starbucks.com/about-us/company-information/starbucks-company-timeline.

9. Daniel Wolfe, "Starbucks App Can Monitor Rewards," *American Banker*, May 13, 2010, accessed January 29, 2020, https://www.americanbanker.com/news/starbucks-app-can-monitor-rewards.

10. "Fact Sheet: My Starbucks Rewards Program," Starbucks Stories and News, July 25, 2013, accessed January 29, 2020, https://stories.starbucks.com/stories/2013/fact-sheet-my-starbucks-rewards-program/; Nitin, "The Science behind Starbucks' Massively Successful Customer Loyalty Program," Zeta Global, March 31, 2017, accessed January 29, 2020, https://zetaglobal.com/customer-retention/starbucks-reward-customer-loyalty-program-study/.

11. Daniel Wolfe, "Starbucks and Payments: Everything You Need to Know," PaymentsSource, accessed January 29, 2020, https://www.paymentssource.com/list/starbucks-and-payments-everything-you-need-to-know.

12. Paul Sawers, "Starbucks Launches Mobile Order & Pay for All U.S. Customers; U.K. and Canada coming in October," *Venture Beat*, September 22, 2015, accessed January 29, 2020, https://venturebeat.com/2015/09/22/starbucks-launches-mobile-order-pay-for-all-u-s-customers-u-k-and-canada-coming-in-october/.

13. "Ideas Page," Starbucks, accessed January 30, 2020, https://ideas.starbucks.com/.

14. Dan Richman, "How Starbucks Is Using Artificial Intelligence to Connect with Customers and Boost Sales," GeekWire, December 19, 2016, accessed January 29, 2020, https://www.geekwire.com/2016/starbucks-using-artificial-intelligence-connect-customers-boost-sales/.

15. Richman, "How Starbucks Is Using Artificial Intelligence."

16. Sarah Whitten, "Starbucks Knows How You Like Your Coffee," CNBC, April 6, 2016, accessed January 29, 2020, https://www.cnbc.com/2016/04/06/big-data-starbucks-knows-how-you-like-your-coffee.html.

17. Richman, "How Starbucks Is Using Artificial Intelligence."

18. Nitin, "The Science"; Megan Friedman, "It Just Got Way Easier to Rack Up Stars on the Starbucks App," *Seventeen*, May 5, 2017, accessed January 29, 2020, https://www. seventeen.com/life/food-recipes/news/a46962/starbucks-rewards-grocery-store/; Subrat Patnaik, "Starbucks Expands Rewards Program at Grocery Stores," Yahoo! Finance, May 4, 2017, accessed January 29, 2020, https://finance.yahoo.com/news/starbucks-expands-rewards-program-grocery-stores-151538534--sector.html.

19. Joanna Fantozzi, "The Evolution of the Starbucks Loyalty Program," *Nation's Restaurant News*, April 5, 2019, accessed January 29, 2020, https://www.nrn.com/quick-service/evolution-starbucks-loyalty-program.

20. Fantozzi, "The Evolution of the Starbucks Loyalty Program."

21. "Apple Pay Overtakes Starbucks as Top Mobile Payment App in the US," *Insider Intelligence,* October 23, 2019, accessed January 29, 2020, https://www.emarketer.com/newsroom/index.php/apple-pay-overtakes-starbucks-as-top-mobile-payment-app-in-the-us/.

22. "Starbucks US Rewards Membership Tops 17.6M," PYMNTS, October 31, 2019, accessed January 29, 2020, https://www.pymnts.com/earnings/2019/starbucks-us-rewards-membership-tops-17-6m/.

23. Richman, "How Starbucks Is Using Artificial Intelligence."

24. Rachel, "Starbucks' Secret Ingredient: Data Analytics," HBS Digital Initiative,

April 9, 2018, accessedJanuary29, 2020, https://digital.hbs.edu/platform-digit/submission/starbucks-secret-ingredient-data-analytics/.

25. Harry McCracken, "Starbucks Brews a Tech-Infused Future, with Help from Microsoft," *Fast Company*, May 7, 2018, accessed January 29, 2020, https://www.fastcompany.com/40568165/starbucks-brews-a-tech-infused-future-with-help-from-microsoft.

26. Nancy Luna, "Starbucks Deal Expands Industry Access to Exclusive Tech," *Nation's Restaurant News*, July 22, 2019, accessed January 29, 2020, https://www.nrn.com/quick-service/starbucks-deal-expands-industry-access-exclusive-tech.

27. "Starbucks Backs Restaurant Tech Company in Creation of End-to-End Digital Platform,"StarbucksStoriesandNews,July22,2019,accessedJanuary29,2020,https://stories.starbucks.com/press/2019/starbucks-backs-restaurant-tech-company-in-creation-of-end-to-end-digital-platform-for-restaurant-industry/.

28. Nancy Koleva, "What Is Marketing AI and Why Does It Matter?" Dataiku, June 3, 2019, accessedJanuary 30, 2020, https://blog.dataiku.com/what-is-marketing-ai-and-why-does-it-matter.

第14章

1. Nicolas Darveau-Garneau, chief evangelist, Google, directly to Jim Lecinski via email, January 9, 2020.

2. Jennifer Elias, "Alphabet, Google's Parent Company, Hits Trillion-Dollar Market Cap for First Time," CNBC, January 16, 2020, accessed January 29, 2020, https://www.cnbc.com/2020/01/16/alphabet-stock-hits-1-trillion-market-cap-for-first-time.html.

3. Timothy B. Lee, "Why Google Believes Machine Learning Is Its Future," Ars Technica, May 10, 2019, accessed November 1, 2019, https://arstechnica.com/gadgets/2019/05/googles-machine-learning-strategy-hardware-software-and-lots-of-data/; Steven Levy, "How Google Is Remaking Itself as a 'Machine Learning First' Company,"

Wired, June 22, 2016, accessed November 1, 2019, https://www.wired.com/2016/06/how-google-is-remaking-itself-as-a-machine-learning-first-company/.

4. "Google RankBrain," Moz, accessed November 1, 2019, https://moz.com/learn/seo/google-rankbrain.

5. Thomas Thoresen, "Eric Schmidt: Google Cloud Next 2017," YouTube, May 29, 2017, accessed November 4, 2019, https://www.youtube.com/watch?v=iIlkZoy6hiM. Martyn Williams, "Eric Schmidt Sees a Huge Future for Machine Learning," *InfoWorld*, March 23, 2016, accessed November 4, 2019, https://www.infoworld.com/article/3047617/eric-schmidt-sees-a-huge-future-for-machine-learning.html.

6. LeenaRao,"Meet Google'sArtificialIntelligence Chief," *Fortune*, October 27, 2015, accessed November 1, 2019, https://fortune.com/2015/10/27/john-giannandrea-google-artificial-intelligence/.

7. James Niccolai, "Google's CEO Sees A.I. as the Next Wave in Computing," *Computerworld*, April 21, 2016, accessed November 1, 2019, https://www.computerworld.com/article/3060285/googles-ceo-sees-ai-as-the-next-wave-in-computing.html; Catherine Clifford, "Google CEO: A.I. Is More Important Than Fire or Electricity," CNBC, February 1, 2018, accessed November 1, 2019, https://www.cnbc.com/2018/02/01/google-ceo-sundar-pichai-ai-is-more-important-than-fire-electricity.html; Larry Dignan, "Google Bets on AI-First as Computer Vision, Voice Recognition, Machine Learning Improve," *ZDNet*, May 17, 2017, accessed November 1, 2019, https://www.zdnet.com/article/google-bets-on-ai-first-as-computer-vision-voice-recognition-machine-learning-improve/.

8. John P. Kotter, *Leading Change* (Boston: Harvard Business Review Press, 2012), 23; John P. Kotter, "Leading Change: Why Transformation Efforts Fail," *Harvard Business Review*, January 2007, accessed January 29, 2020, https://hbr.org/2007/01/leading-change-why-transformation-efforts-fail.

9. Linda Tucci, "Automation and AI Challenges: CIO Tips for Success," TechTar-

get, July 17, 2019, accessed November 1, 2019, https://searchcio.techtarget.com/video/Automation-and-AI-challenges-CIO-tips-for-success.

10. "Beyond the Brand: Marketing for Consumer Goods," *Accenture*, May 17, 2019, accessed November 1, 2019, https://www.accenture.com/us-en/insights/consumer-goods-services/beyond-brilliant-basics-consumer-goods-marketing.

11. Annie Duke, *Thinking in Bets: Making Smarter Decisions When You Don't Have All the Facts* (New York: Portfolio, 2018).

第 15 章

1. BobMorris,"Geoffrey MooreonZoneManagement:An Interviewby BobMorris," Blogging on Business, November 29, 2015, accessed January 29, 2020, https://bobmorris.biz/geoffrey-moore-on-zone-management-an-interview-by-bob-morris.

第 16 章

1. Via email to Jim Lecinski, used with permission from Mitch Duckler.

2. Via email to Jim Lecinski, used with permission from Aaron Goldman.

3. Via interview with Jim Lecinski, used with permission from Konrad Feldman.

4. Via email to Jim Lecinski, used with permission from Kristen D'Arcy.

5. MaryLee Sachs, "Putting the C in CMO," *Forbes*, January 20, 2020, accessed January 29, 2020, https://www.forbes.com/sites/maryleesachs/2020/01/20/putting-the-c-in-cmo/#1635b94d6b55.

6. "Teachable Machine," accessed January 29, 2020, https://teachablemachine.withgoogle.com/.

7. Kristin Lemkau, "Machine Learning Will Make Marketing More Human," Web Summit video, November 5, 2019, accessed January 29, 2020, https://www.sapo.pt/ websummit/en/machine-learning-will-make-marketing-more-human_86714f34-c053-4ef6-bbb3-fa559a80d1ca.

8. "Our Mission," Starbucks, accessed January 29, 2020, https://www.starbucks.com/about-us/company-information/mission-statement.

9. Jennifer Warnick, "AI for Humanity: How Starbucks Plans to Use Technology to Nurture the Human Spirit," Starbucks Stories and News, January 10, 2020, accessed January 29, 2020, https://stories.starbucks.com/stories/2020/how-starbucks-plans-to-use-technology-to-nurture-the-human-spirit/.

10. Eric Solomon, "Your Data-Driven Marketing Is Harmful. I Should Know: I Ran Marketing at Google and Instagram," *Entrepreneur*, January 15, 2020, accessed January 29, 2020, https://www.entrepreneur.com/article/344399.

11. "AI for Humanity."

12. Jennifer Warnick, "AI for Humanity."